YOUERYUAN
ZHUTISHENYI
SHIJIAN SHOUCE

幼儿园主题审议实践手册 修订版

金虹青 编

图书在版编目（CIP）数据

幼儿园主题审议实践手册/金虹青编.－－宁波：宁波出版社，2022.4（2023.8重印）

ISBN 978-7-5526-4389-3

Ⅰ.①幼… Ⅱ.①金… Ⅲ.①学前教育—教学研究 Ⅳ.① G612

中国版本图书馆 CIP 数据核字（2021）第 195203 号

幼儿园主题审议实践手册
YOUERYUAN ZHUTI SHENYI SHIJIAN SHOUCE

金虹青　编

策　　划	陈　静
责任编辑	刘亚琦
责任校对	秦梦嫄
装帧设计	金字斋
出版发行	宁波出版社
	（宁波市甬江大道1号宁波书城8号楼6楼　邮编　315040）
印　　刷	宁波报业印刷发展有限公司
开　　本	787mm×1092mm　1/16
印　　张	12.25
字　　数	179千字
版　　次	2022年4月第1版
印　　次	2023年8月第4次印刷
标准书号	ISBN 978-7-5526-4389-3
定　　价	45.00元

如发现缺页或倒装，影响阅读，请与出版社联系调换　电话：0574-88395156

前 言

随着幼儿园课程改革的推进,浙江省各个层级的幼儿园都积极参与其中,幼儿园的园本课程也如雨后春笋般应运而生。同时"课程审议"作为一个热词,也开始被引入幼儿园,成为课程建设和管理的重要手段。

众所周知,园本课程建设的目的应该是有助于幼儿有益经验的获得,促进幼儿德智体美劳的全面发展,因此课程的实施就需要更好地链接幼儿的经验、生活、资源以及一切可能的要素,能够回归、适恰幼儿。因此,处理好课程与幼儿之间的关系,让课程方案的文本能够真正成为有效的行动方案,才是课程管理的关键。课程审议承载了文本转化的重要任务,成了幼儿园课程管理的重要手段。之所以开展主题审议,是因为当下以主题的方式来组织教育教学依旧是课程实施的重要路径之一。主题审议可以在主题目标的设计凸显内在生长的线索,在主题内容的设计中突出五大领域间的整合、校园内外资源的整合,在主题实施中强调具身学习的教学方式,在主题评价中彰显幼儿立场的多元主体,让教师通过集体商讨、决策,最终形成共识。

在最初的审议中,年轻的老师们常常会忽略应该置于课程中心的幼儿,只将审议的重点聚焦于主题内容的选择,或者会片面地聚焦于集体教学,缺少对实施路径多样化的思考。此外,内容的选择只是从五大领域出发,各领域的内容之间缺少相互的关联,在审议过程中缺少融合与开放的思维。基于在主题审议过程中出现的问题,审议的内容不断扩展,从审目标、审内容,逐渐发展到更为关注幼儿需要的多样性,聚焦主题实施的多路径、主题环境的互动性,并深入到主题经验的循证评价。

随着主题审议的开展,年轻的老师们不但眼里有了幼儿,而且心里也有了幼儿,开始站在幼儿的立场思考问题。主题审议的最终价值就是让教师更多地关注到主题行进过程中不断发展变化的幼儿,根据幼儿的兴趣和需要不断地拓展资源、创设环境、丰富材料,助力幼儿能在多样化的活动中实现经验的自主建构。

这本《幼儿园主题审议实践手册》介绍了主题审议的实施路径和操作范式,书籍的多次加印也证明了实践手册受到了幼儿园一线教师的欢迎。教师们对主题审议的认知从最初的陌生、茫然,也随着实践的深入而日渐清晰。教师们也因为主题审议改变了思考方式,摆脱了对教材的全盘依赖,让自己的教学设计能力、课程组织能力、课程资源开发能力都有了明显的提升。我们结合当下的课程观、儿童观,将更多元的活动样态添加到主题活动中,丰富主题实施的路径。基于近两年新的实践和思考,我们重新修订《幼儿园主题审议实践手册》,敬请读者朋友们批评指正。

目 录

第一章 主题审议的组织与实施

一、主题审议的概念来源 …… 002

（一）审议的概念 …… 002

（二）课程审议的基本概念 …… 002

（三）主题审议的基本概念 …… 003

二、主题审议的价值意义 …… 004

（一）幼儿发展需要的驱使 …… 004

（二）教师专业发展的需要 …… 005

（三）园本课程建设的催化 …… 005

三、主题审议的运行机制 …… 007

（一）主题审议的基本理念 …… 007

（二）主题审议的组织方式 …… 008

（三）主题审议的基本原则 …… 010

四、主题审议的组织类型 …… 012

（一）根据主题审议的组织范围分类 …… 012

（二）根据主题审议的功能分类 ………… 013

　　（三）根据主题审议的方式分类 ………… 014

五、主题审议的主要内容 ………… 016

　　（一）审幼儿经验 ………… 016

　　（二）审主题目标 ………… 016

　　（三）审课程资源及拓展 ………… 017

六、主题审议的主体对象 ………… 019

　　（一）幼儿是主题审议的起点 ………… 019

　　（二）教师是主题审议的实施主体 ………… 019

　　（三）家长是主题审议的积极参与者 ………… 020

第二章　主题审议的操作范式

一、前期审议的操作范式 ………… 022

　　（一）操作要点 ………… 022

　　（二）典型案例：小班主题活动"汽车嘟嘟" ………… 024

二、中期审议的操作范式 ………… 036

　　（一）操作要点 ………… 036

　　（二）典型案例：小班主题活动"亲亲一家人" ………… 038

三、后期审议的操作范式 ………… 043

　　（一）操作要点 ………… 043

　　（二）典型案例：大班主题活动"多彩的民族" ………… 045

第三章 主题审议的实践案例

一、小班主题活动"亲亲一家人" …………… 054

二、小班主题活动"小兔乖乖" …………… 072

三、中班主题活动"小蜗牛爬呀爬" …………… 092

四、中班项目活动"春日冷餐会" …………… 110

五、大班主题活动"我们的树朋友" …………… 120

六、大班项目活动"远足" …………… 139

第四章 主题审议的研修案例

一、小班主题"汽车嘟嘟"前期审议研修案例 ……… 148

二、中班主题"热闹的大街"中期审议研修案例 …… 155

三、大班主题"多彩的民族"后期审议研修案例 …… 163

附：幼儿园主题审议工具表单 …………… 173

第 一 章
主题审议的组织与实施

一、主题审议的概念来源

（一）审议的概念

在英文中，"审议"的动词为"deliberate"，名词为"deliberation"。"deliberate"意为"缜密思考"，"deliberate"一词又源于拉丁语名词"libra"，意为"称量""衡量"。因此，从词源上看，"审议"有对不同对象进行权衡以做出选择的意思。

美国课程论专家施瓦布（J.J.Schwab）在1969年至1983年，撰写了四篇里程碑式的文章，由此建立起一个根植于实践的新的课程开发理论——实践性课程开发理论。在这一理论中，施瓦布主张课程开发的基本方法应是"审议"。这是西方课程史上第一次明确提出"审议"这一概念。在西方课程研究史上，施瓦布、诺伊（Didier Noye）、麦卡琴（G.McCutcheon）等课程专家都对课程审议进行了深入研究。

（二）课程审议的基本概念

课程审议是美国课程理论家、结构主义课程改革运动的代表人物施瓦布提出的概念。近几年我们将这一概念引入了幼儿园教育，作为幼儿园课程开发实践的重要理论创新。在课程开发过程中，对课程进行讨论、均衡和抉择，最终达到统一意见和决定的这个过程称为"课程审议"。

课程专家麦卡琴认为课程审议是课程编制中必不可少的一步。在课程审议中,课程开发者看清并深入分析现实问题,将自己的价值观渗透到课程之中。施瓦布在课程审议中提出了三种审议的艺术,分别是"实践的艺术""准实践的艺术"和"折中的艺术"。他强调课程开发的主体应从课程专家和学科专家走向"课程集体"和"审议集体",而幼儿的需要、兴趣和问题是课程审议的核心问题。

国内学者虞永平教授曾指出,课程审议是通过集体智慧对课程中的问题进行商议并做出选择和决策的过程;课程审议特指以幼儿园课程开发为目的的课程审议,主要是针对课程实践中的问题展开的。在我国,幼儿园课程不是国家课程,有地方课程的地区允许幼儿园自由选择,一般不采用行政手段强行统一课程。幼儿园对课程的使用有很大的决定权,因此,开展课程审议也就成为幼儿园课程开发中的一项重要工作。

(三)主题审议的基本概念

"主题"是幼儿园课程特有的一种组织形式,现有的大多数幼儿园教材都以主题形式进行编制。"主题审议"就是幼儿园在课程实施过程中,尤其是在班本课程建设中,围绕某一个主题所进行的讨论、商议,以获得一致性的理解与认同,并做出恰当的、一致性的决定及相应的策略选择的决策过程。

主题审议是课程审议的一种特殊形式,是课程审议的下位概念,其目的就是为了使主题活动的过程更加符合幼儿的需要和发展。原来幼儿园虽然没有明确提出主题审议的概念,但很多幼儿园会在主题活动的组织与开展过程中通过园本教研的方式进行讨论,这其实就属于一种主题审议的方式。主题审议能让我们更为明晰主题活动的目标和组织方式,并将其转化为我们教师需要并且可以操作的过程。不同的课程理念背景,会导致主题审议的内涵、内容和方式有所不同。

二、主题审议的价值意义

当前经过浙江省教材编写委员会审核的有多套幼儿园课程,每套课程在编写过程中都有各自的教育理念和内在逻辑,包括课程理念的不同,组织线索的不同,活动编排逻辑的不同。在众多课程中如何进行恰当的选择和应用,对教师提出了专业上的挑战,当前主题审议之所以会成为幼儿园课程建设尤其是园本课程建设和管理过程中的重要抓手,主要就是基于以下三个方面的原因。

(一)幼儿发展需要的驱使

幼儿是课程实施的受益者,也是幼儿园课程文化的创生者。不同区域、不同家庭背景的幼儿其原有的经验会有一定的差异性,如果不是基于幼儿原有经验的主题教学活动,只是照搬教材教参,就无法真正唤醒幼儿原有的生活经验,也无法满足幼儿新的兴趣和需要。幼儿的身心发展特点、学习规律和幼儿园课程的特点决定了幼儿园课程实施的特殊性,决定了主题审议的内涵、内容和方式。以往大部分的教师会更多地关注教材的内容和教学策略的研究,而忽视了对幼儿已有经验的调查研究,忽视了对幼儿学习兴趣的研究,也忽视了对幼儿差异的研究。主题审议能让我们从"教材"转向"幼儿",从"教"转向"学",从"共性"转向"差异"。

主题审议是教师在实施主题前,通过多种手段去了解幼儿的原有经验,去追随幼儿学习和生活的轨迹,发现幼儿的兴趣和需要,并且通过集体商讨的方式,借助集体的智慧形成适宜的主题目标、丰富的主题内容和有效的实施路径,创设丰富适宜的学习情境,巧妙贯穿一日活动,真正满足幼儿的需要,助力幼儿在有趣、主动的活动中获得新经验。

(二)教师专业发展的需要

主题审议最大的价值不是形成审议的方法和审议的结果,而是希望通过审议能让教师更多地关注课程实施和主题行进过程中不断发展变化的幼儿,形成正确的儿童观和教育观,从而更为关注幼儿的生活、行为和经验,并能够在课程的实施中不断发现幼儿的学习方式,进行及时跟进与调整。幼儿是主题审议的逻辑起点,幼儿的兴趣、需要和发展会随着课程推进、资源、场景、活动实施等可变性因素而变得不可预测,因此需要教师学会关注幼儿动态发展,并根据幼儿的发展做适宜的跟进和调整,这时刻考验着教师的专业素养和教学智慧。主题审议犹如教师了解和解读幼儿的思维工具,有助于改变教师对教材的依赖,形成积极的研读教材、调整和优化教材的理念,形成有效的教学行动方案,做到心中有目标,眼中有幼儿,手中有方法。

幼儿园教师不能仅仅作为教材的实施者,课程建设的旁观者、听从者、被动执行者,要作为课程的设计者、开发者、建设者。主题审议中集思广益的讨论、决策能使教师有课程建设的获得感、责任感和成就感,不断提高一线教师的课程领导力,让教师的专业行为从自发走向自觉,最终走向专业自主。因此主题审议的过程也是不断提升教师专业素养的过程,从而成为教师专业成长的助推剂。

(三)园本课程建设的催化

现实中的教材很多,但是教材不等于课程。面对众多的教材,在日常的课程

实施中出现了简单的"拼盘式""大杂烩""分科式"课程,或者简单的全盘使用配套教材,忽略了自身所在地域、区域的社会资源、人文资源、自然资源,脱离了幼儿园的园本实际,也脱离了幼儿的现实兴趣和实际需要。

2017年11月,浙江省教育厅颁布了《关于全面推进幼儿园课程改革的指导意见》,对各级、各类的幼儿园都提出了课改的要求,并对园本课程建设提出了明确的目标和课改推进的时间表,对各级各类的幼儿园都提出了课改的要求。面对新课改,幼儿园开始重新审视园本课程方案,发现在课程建构中出现了不同程度的课程超载、领域失衡、实施路径单一等问题。主题审议的开展无疑解决了课程实施中的诸多问题,能让教师理性省思主题的价值、目标,幼儿的兴趣和需要,主题的实施网络和脉络、策略选择,使课程能够更加适宜、科学、有效,能真正有益于幼儿新经验的获得。

基于上述分析和思考,幼儿园已经清晰认识到在课程实施过程中开展主题审议的必要性,同时关于主题审议的问题也越发凸显:一是审议流于形式,受教师专业水平的限制,审议无法真正发挥应有的价值;二是审议的深度不够,在主题的调整中缺少幼儿学习经验的逻辑;三是教师受到日常繁杂工作的影响,没有足够的时间和精力对每个主题进行充分有效的审议。基于这样的现状,我园在实践基础上形成了《幼儿园主题审议实践手册》,希望能为广大的一线教师在日常主题审议中提供一本可参考的操作应用手册。

三、主题审议的运行机制

主题审议的运行机制是指主题审议的内在机能及其运行方式,是引导和制约幼儿园对于课程决策的基本准则及开展方式,是决定主题审议的内外因素及相互关系的总称。为了保证主题审议真正实现其目标,发挥应有的作用,需要其中的各种因素相互联系,相互作用。主题审议的运行机制包括主题审议的基本理念、组织方式、基本原则。

(一)主题审议的基本理念

1. 开放是一种思维

主题审议是集体共同商议、决策的过程。参加审议的每个教师都可能因为教育背景、教学经历、教育理念、专业水平、个性爱好等的差异而形成自己的观点。审议并不是为了追求高度一致的结果,而是厘清课程理念的过程,也是理念再构的过程。因此开放的思维方式,能使教师在审议的过程中拓展思维,并能给予教师在审议过程中更多的话语权,有利于培养教师的专业自觉。

2. 赋能是一种策略

"赋能"最早是积极心理学中的一个名词,旨在通过言行、态度、环境的改变给予他人正能量。主题审议中的赋能理念,就是通过开放、共享的理念赋予教师专业自主的能力,让教师通过主题审议,提高课程文本落地的能力,不断提升课程实施的质量。

3. 共生是一种追求

主题审议使教师能从课程资源和主题实施的集体决策中获得智慧的共享。我们已经进入了一个高速发展的信息时代,把自己的所思所想所得与他人分享将逐渐成为我们日常工作学习和生活的需要,也将成为一种文化。这种文化使每个教师都能从信息资源的共享中获益,能在共同商讨、打磨和实践中获得内在的生长。

(二)主题审议的组织方式

1. 主题审议的实施阶段

(1)前期审议

前期审议,是在一个新的主题开启之前,在幼儿经验的调查基础上,通过对幼儿原有经验、主题教育价值、课程经验和课程资源的综合分析,预设主题目标,选择主题内容,预设主题实施途径和策略,构思主题行进的脉络。前期审议的重点是在充分调研并论证的基础上明确主题行进的方向。尤其是在活动的组织方式的选择上,改变了以高结构的集体教学活动为主的组织方式,逐渐转为《幼儿园完整儿童活动课程》中所提出探玩、考察、调查、种植、饲养、仪式、制作、实验、展示等低结构的活动样态。

(2)中期审议

中期审议,是在主题行进过程中,不断发现幼儿在主题行进中的获得和问题,不断审视预设的主题实施路径是否和幼儿学习发展的轨迹相一致,是否能够激发幼儿新的学习兴趣和需要,同时也需要教师更好地观察、倾听、发现幼儿的新需要来调整自己的主题推进策略。中期审议的重点是在循环论证的基础上进行主题脉络的调整和后续实践行为的优化。

(3)后期审议

后期审议,是在主题结束以后,复盘整个主题预设和实施的过程,反思教师策略的科学性、适恰性以及幼儿在学习过程中的行为与发展。有效的后期审议，会成为后续开展同类主题的重要的课程资源。后期审议的重点是在幼儿实证和教师反思的基础上完成主题网络和情境脉络的调整与优化。

2. 主题审议的开展机制

（1）前后审议常态化

主题审议的常态化，就是将主题审议作为一种标准要求，成为课程管理中的必经过程和重要措施，只有经过审议的主题活动才能正式进入实施阶段。常态化的审议在每个主题进入实施之前，教师个体可以借助集体的力量，以基于幼儿的原有经验、促进幼儿的发展为逻辑起点，通过集体的前期审议，判断主题的教育价值、确立主题的教育目标、论证主题的实施路径的可行性，选择适宜的内容和有效的策略，从而形成结构化的内容。这种方式有利于教师对课程实施产生认同，进一步明确主题的实施目标，也有利于教师站在幼儿的立场落实主题实施方案。同时，常态化审议还包括主题实施后的每一次后期审议。教师可以通过回顾教学实践情境，反思主题实施过程，评估教学策略的有效性，分析幼儿的学习行为和经验获得，从而形成对整个主题的优化方案。这些方案可以进入幼儿园的课程资源库，为以后的主题实施提供可共享的资源，也使幼儿园的整个课程实施方案日益优化和科学。主题审议的常态化也有利于不断促进教师的思辨能力和文本转化能力的提升。

（2）中期审议动态化

主题审议的动态化，就是将审议视为主题实施过程中的动态的课程管理行为。因为幼儿园的课程不是一个封闭的文本，而是一个开放的实践系统。课程不是写出来的文本，而是教师和幼儿互动实践的结果。关注主题行进动态性和过程性是提高课程质量的核心所在，教育的目的是不断满足幼儿成长的需要。因为我们的教育对象是不断发展变化的幼儿，因此课程实施过程中前期审议后所形成的主题实施行动方案并不是一成不变的，幼儿获取经验的过程，也蕴含了教师规划、观察及调整课程的过程，所以中期审议伴随着整个主题情境，需要教师根据幼儿需要和兴趣，对幼儿的行为和需要做出正确的预判，及时调整课程的内容与策略，也可生成新的主题方案，使我们教师所认定的幼儿需要能和现实的幼儿发展需要一致。动态化的审议能使我们的教育更有效地促进幼儿的发展，而不是简单的跟随幼儿的发展。

（3）全程审议螺旋式

主题审议的螺旋式是对主题审议过程中必然出现的曲折性的形象概括，它表明审议过程中从简单到复杂、从低级到高级的发展不是直线式的，而是近似于螺旋的曲线，是得到丰富和提高的辩证过程，这也是和幼儿的发展曲线相一致的。每一个主题都是螺旋式审议的新起点，主题的开端审议也许更考验教师的专业性和主题审议的能力，因为要对幼儿、教育价值、课程资源进行调查和分析，要规划主题的目标、内容、实施路径、手段形式等多个内容，形成每一个内容网络图，明晰其内涵与外延，这需要真正链接幼儿的经验，而不是简单地将教材中的相关教学内容进行拼凑。

在审议过程的每个阶段，都需要通过回顾、论证、调整、优化的手段来审视行动方案是否真正符合幼儿的需要，真正体现教育的价值。

（三）主题审议的基本原则

为了减少主题审议的随意性和盲目性，在审议过程中，我们需要遵守基本的原则。

1. 幼儿为本原则

幼儿园的课程要以幼儿的生活作为基点，从幼儿的生活出发，在幼儿的生活中进行。我们需要合理地、综合地组织各方面的教育内容，并渗透于幼儿的一日生活中。主题审议要从目标、内容、活动及资源四个方面进行考量，充分关注幼儿的原有经验，活动内容的选择既要贴近幼儿生活，又能拓展幼儿新的经验，组织形式应充分考虑幼儿的学习方式和特点，通过有准备的环境和材料，激发幼儿在生活和游戏中的主动学习，以促进幼儿主动获得主题经验，让我们的主题实施更为生动、鲜活、有效。

2. 全面发展原则

每个幼儿作为独立的个体，在成长过程中的需要是广泛的、多样的、有差异的。幼儿既有生命成长的需要,智慧成长的需要,更有身心健康发展和个性发展的需要。《3—6岁儿童学习与发展指南》中提出幼儿教育应关注幼儿学习与发展的整体性。幼儿的发展是一个整体,要注重领域之间、目标之间的相互渗透和整合,促进幼儿身心全面协调发展,而不应片面追求某一方面或某几方面的发展。我们既要关注幼儿个体的全面发展,也要关注班级全体幼儿的全面发展。

3. 动态跟进原则

主题审议主要是帮助教师预设在主题实施过程中可能出现的问题,尤其是一些非结构化的、不确定的问题,主题审议将会伴随着整个主题实施的行进过程。由于环境、材料的改变,幼儿会因为教师、同伴互动的影响,不断产生新的兴趣和需要,因此主题审议并不是在主题实施之前的一次性行为,也不是在固定的时间、地点发生的,而是需要教师在主题实施的过程中,随时去观察幼儿、发现幼儿、倾听幼儿、解读幼儿,基于幼儿的需要随时调整内容和优化策略。同时,幼儿在学习过程中所产生的预设之外的行为,需要教师及时审议、分析价值、把握契机,随时进行生成价值的判断,科学合理地调整和跟进以满足幼儿的需求。因此,主题审议具有较强的动态性和创造性。

4. 和合共生原则

主题审议是幼儿园教师集体创造的过程。审议者通过在审议过程中对个体实践的反思、经验的分享,再通过集体的分析、讨论,从而生成有效的策略。因此幼儿园需建立良好的审议机制,通过园际、园级、班际和班级内部人员的组织形式,开展不同形式的研讨,共同寻求解决问题的方法,形成对课程实施的共识,以提高教师对课程的认同程度,实现审议价值的最大化。同时我们也可以通过建立家长审议制度,认真倾听家长的心声,吸纳家长成为课程资源的提供者、课程实施的协作者、课程审议和课程评价的参与者。主题审议具有让家长理解课程的基本理念、理解幼儿的学习、熟悉环境和资源的作用,能引发家长的多层次参与,获得更多的支持和鼓励。同时,在审议的过程中,家长还可以通过各种方式倾听幼儿的声音。家长参与审议、幼儿参与审议、专家引领课程审议,可使课程审议的参与者更为广泛,加强家庭、学校与社区的合作,促进共同发展,和合共生。

四、主题审议的组织类型

（一）根据主题审议的组织范围分类

1. 园际审议

通常是幼儿园（或园区）之间定期或不定期的就共同商定的主题进行集体审议。通过建立跨园的专业共同体，共同解决在课程实施过程中的问题，园际审议使得审议过程中的视角更为多元，问题的解决策略也更为多样化。园际审议主要有三种组织模式：一是碰撞型，两个专业强园间的共审，能针对主题的建构展开高质量的对话；二是帮扶型，即强园和弱园共同审议，对于专业力量比较薄弱的幼儿园，可以通过这种方式提高审议的有效性；三是互补型，如在某领域特色发展方面有差异的幼儿园能通过互补来优化主题建构。

2. 园级审议

通常是幼儿园先导小组成员在学期前或者学期末，通过集体研讨的形式对一个学期的主题进行整体性审议，也称为"先导审议"。该幼儿园先导小组通常由园长、业务副园长和若干骨干教师组成，结合幼儿园园本课程实施方案和幼儿园课程资源库的文本，预设一个学期各个年龄段会开展的主题。在园级审议时，需适当留白，有利于课程实施过程的生成与拓展。

3. 班际审议

班际审议通常是幼儿园教研组或者年级组的成员共同研讨完成的。教师们会在一个新主题开始之前、主题行进过程中或者是主题结束之后，以集体研讨的方式，通过对幼儿经验的分析、教育价值的判断，制定主题目标，选择主题内容，确定教学策略，为主题的实施提供可操作的行动方案。一般性的主题审议可以以年级组成员研讨的形式进行，在前期审议时，也可通过教研组研讨的审议方式，通过不同年级组间教师的对话，能够对幼儿在不同阶段的学习经验有更多的了解，也有利于审议后的课程方案更贴近幼儿的兴趣和需要。

4. 班内审议

班内审议通常是由班组内的老师和保育员共同研讨完成的，也会倾听幼儿的想法，班内审议以动态性审议为主，会在主题实施前对幼儿的经验进行调查和分析，为主题审议提供依据，同时通过对主题实施过程中的观察以及对幼儿学习和游戏资料的搜集，拓展主题实施内容。班内审议中得出的结论和结果以及存在的问题和困惑是班际审议和园级审议的重要依据和关注要点。

（二）根据主题审议的功能分类

1. 论证式审议

论证式审议是教师群体运用相关理论或实证材料来证明主题可行性的行动方案的过程和方式。所参照的理论依据可以是《幼儿园教育指导纲要（试行）》和《3—6岁儿童学习与发展指南》中各领域的幼儿核心经验，实证依据可以是幼儿的经验调查、前期主题学习资源库的文本材料、课程故事等。论证式审议常适用于主题的前期审议和中期审议中对于新生成的主题或者项目活动可行性的论证。

2. 实证式审议

实证式审议是通过对主题实施过程中发生的课例、幼儿活动案例和教师的经验反思来对主题实施的成效进行审议。其审议的依据主要是聚焦目标的嵌入式评价结果、主题课程故事、幼儿个案观察案例、幼儿表征与作品等幼儿的学习结果，并通过循证来分析教师在主题行进过程中所采取的教育教学策略的有效性和主题推进的适恰性。

3. 甄别式审议

甄别式审议强调认真、慎重地辨别、审查、鉴定，是对主题活动中的课程资源进行审查，对幼儿的兴趣和需要进行分析，并结合课程经验和幼儿核心经验来审视和鉴别预设中的主题实施方式和内容是否适宜。甄别式审议的方法能帮助教师筛选出更为适合的活动形式和内容，以提高主题活动实施的质量。

（三）根据主题审议的方式分类

1. 文本式审议

文本式审议，就是以文本作为审议材料，以教材、教参、幼儿园园本课程实施方案和前期的主题资源包，以及对幼儿前期的调查结果作为主要的审议材料，对主题的来源、目标、内容以及幼儿经验进行审查评议。文本式审议是主题审议中应用较为广泛的审议形式，能为教师提供思考、调整、优化的基础材料，有利于教师在普适性的基础上结合自己的班本情况，形成符合幼儿发展轨迹的主题框架和实施路径。

2. 对话式审议

对话式审议，就是对同一个主题进行的集体思维碰撞的过程，也是在主题审议中应用最为广泛的方式，这种审议方法多在教研组和年级组审议活动中使用。在每次新主题开始前邀请前一届的年级组加入审议，分享主题实施经验，对于当下主题开展遇到的困惑通过集体的智慧来寻找更为适切的实施途径。对话式审议有利于让教师具有个人智慧的教学主张通过集体对话的方式形成共识和共享。

3. 网络式审议

网络式审议是借助现代技术，在网络上进行的审议活动。这种审议方式适用于区域内的多个幼儿园、集团化办园的多园区幼儿园和跨区域的幼儿园，也方便外来专家参与。该审议由主持人在网上发起,不同园区的教师能够针对审议的内容充分发表自己的想法。网络式审议,应提前告知教师审议的主题,使教师有准备地参加审议,以提高互动性和审议的实效性。

五、主题审议的主要内容

（一）审幼儿经验

和主题相关联的幼儿的原有经验和未知的新经验都是教师进行主题活动设计的逻辑起点，所以调研幼儿经验既是主题审议的首要内容，更是主题审议的重要基础。对于幼儿经验的审议，一方面可以通过组织谈话了解幼儿的原有经验以及幼儿的兴趣和需要；另一方面可以通过幼儿调查，在调查前，教师要根据幼儿不同的年龄特点对调查的内容、调查的形式、记录的方式进行认真设计，最终使调查表的设计符合幼儿的年龄特点。调查后的经验分析是重要的工作，教师需要通过分析调查表找出幼儿经验的共性和个性，并将幼儿的问题分门别类，为主题审议提供依据。

（二）审主题目标

主题目标是主题教学模式中的核心。它是整个主题的主要导向和主旨，是主题开展后最终想要获得的结果。目标的制定要链接《3—6岁儿童学习与发展指南》中五大领域的发展目标，关注幼儿在主题中新经验的获得。在目标的表述中，根据布鲁姆教育目标分类法，主要分为知识和能力、过程和方法、情感态度与价值观三个方面的内容。

（三）审课程资源及拓展

对课程资源的审议及拓展可以从文化、材料、地域环境、人员几个要素入手进行。

1. 从文化入手

文化包括物质文化、非物质文化等。物质文化是指为了满足人类生存和发展需要所创造的物质产品及其所表现的文化，包括饮食、服饰、建筑、交通、生产工具以及乡村、城市等，是文化要素或者文化景观的物质表现方面。非物质文化是指人类在社会历史实践过程中所创造的各种精神文化。物质文化与非物质文化的区别在于一个是有形的，即名胜古迹，如鄞江的它山堰、海曙的鼓楼等；一个是无形的，如传统节日端午节、宁波地方戏曲甬剧等。文化还包括当下正在发生的重大社会事件，如亚运会、宇宙飞船升空等。

2. 从材料入手

材料包括文本材料、视频（网络）材料、物质材料等。文本材料主要是指幼儿园正在使用的配套教材和可供参考的不同类型的幼儿园教材、进入幼儿园课程资源库的园本课程相关文本以及和教学相关的出版物，如儿歌集、童话故事、绘本等。视频材料是指能帮助幼儿转化知识经验的动画、课件等，大部分的视频资料现在都可以通过网络获得。我们既可以选用教材内的现成材料，也可以选择网上优质的教学材料，当然我们也可以对这些材料进行适当的改编，对于选用的各类材料我们要及时注明出处。物质材料还包括主题实施过程中所需要的各种自然和非自然材料等。

3. 从地域环境入手

地域环境包括区域环境、园内环境、社区环境、家庭环境，如小班的"水果甜甜"主题就可以让幼儿进入果园进行实地考察，"我是三军总司令"的主题就可以通过参观军营、观摩训练、模仿队列引发幼儿对军人的崇敬之情。幼儿园周边社区的公园、书店、敬老院、餐厅、牙科医院等场所都可以成为我们的课程资源。

当然在进行环境资源分析时,要对环境的安全性、教育性和课程实施的可行性进行充分考量。因此,建议幼儿园可以绘制幼儿能够步行抵达的1—1.5千米范围的环境资源图。

4. 从人员入手

人员包括教师、家长和其他专业人员资源。不同职业的家长都是不可或缺的重要课程资源,他们可以作为助教者进入我们的课程,他们所从事的很多职业也可以转化为幼儿感兴趣的经验。有些主题内容我们也需要专业的人员助力,比如大班主题"我掉牙了"就可以邀请专业的牙科医生来和幼儿进行互动,在"我要上小学"的主题中,则可以邀请从幼儿园毕业的大哥哥、大姐姐来和幼儿互动,更能激发幼儿对成为一个小学生的向往。同时,园内的保健医生、保育员、厨师和安保人员等也是非常重要的人员资源,可以让幼儿通过体验活动,感受这些人工作的辛苦,学会感恩。

六、主题审议的主体对象

（一）幼儿是主题审议的起点

幼儿是主题的发起者、课程实施的实践者，也因此成为主题审议的主体之一。幼儿的兴趣、需要和生活成为教师在审议中做出决定的重要依据。以幼儿作为主题审议的起点，也是源于课程适宜性的教育主张。主题审议首先要关注现实中幼儿当下的需要，去观察他们、了解他们。关注幼儿在活动过程中的细微生活经验，根据与幼儿生活的关系以及主题实施中的幼儿行为，不断扩展活动内容，让我们的活动能回归幼儿的生活，还原幼儿的经验，最终促进其水平不断提高。

（二）教师是主题审议的实施主体

幼儿园的课程是基于幼儿的兴趣和需要所展开的，是幼儿和教师互动的过程。课程的实施过程中，教师是确定实施策略的主要责任人。教师在主题审议中需要站在幼儿的立场，去发现幼儿在和教师、同伴的互动中不断产生的新的需要，并筛选出正向的需要，同时教师需要引导幼儿一起思考正在进行的主题和以前学过的主题有怎样的关联，需要去思考运用怎样的方式最能调动幼儿学习的积极性。只有具有专业自主性的教师，才能教育出积极主动的幼儿。

(三）家长是主题审议的积极参与者

以幼儿的生活作为基点，从幼儿的生活出发，在幼儿生活中进行，并运用于生活是当下课程编制的重要指导思想。与幼儿的生活密切相关的，除了幼儿园就是家庭，幼儿身边最亲密的家人正是最积极的互动者。幼儿的教养背景、幼儿和家长的互动方式，都是幼儿生活的重要组成部分，会直接影响到幼儿生活经验的结构，所以家长这一群体是我们在主题审议中不可忽视的重要资源之一。家长的参与程度也会影响幼儿在主题学习过程中的经验获得，家长也拥有对幼儿园课程实施的知情权，所以将家长作为主题审议的主体之一，有利于建构家园联动，使幼儿获得更为丰富多元的体验。

第 二 章
主题审议的操作范式

一、前期审议的操作范式

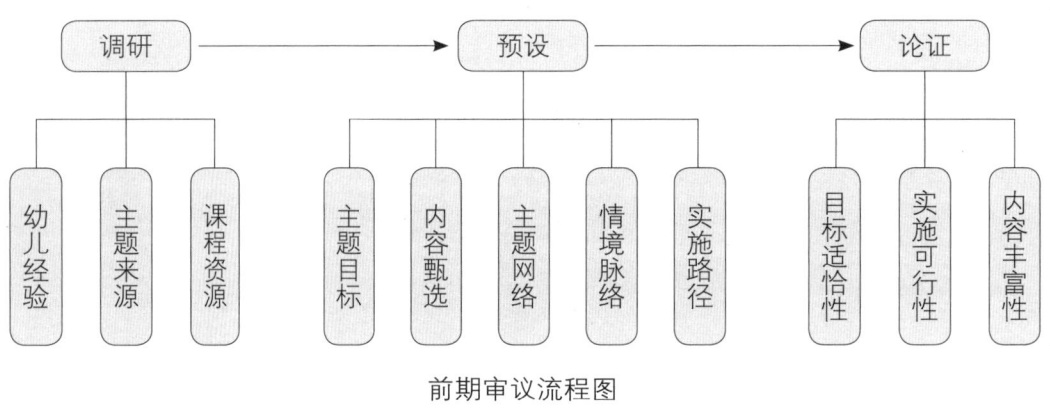

前期审议流程图

（一）操作要点

1. 调研

调研即调查和研判，调研的任务首先是调查幼儿的原有经验以及当下的兴趣和需要，调查可通过谈话、调查表等方式来搜集资料，其次是调研配套教材和前一轮主题教学的实践情况，最后是调研相关主题背景下幼儿园现有的课程资源，为主题的实施提供更多的可能性。

在调查的基础上，教师要根据幼儿的原有经验和当下的兴趣与需要做出研判，并不是幼儿所有的兴趣和需要都适合生成新的主题。教师要结合《幼儿园教育指导纲要(试行)》和《3—6岁儿童学习与发展指南》的精神对主题内容进行研究和预判,判断内容是否值得幼儿学习、适合幼儿学习,是否能为幼儿的后续发展提供基础,是否有益于幼儿获得新的经验,是否能够促进幼儿新的能力发展,形成良好的学习品质,促进全面发展。调研是主题审议的基础,有利于形成问题和课程焦点。

2. 预设

预设是前期审议中的主要任务,预设的内容将会涵盖主题实施的基本要素,有助于幼儿通过对教学主题中所蕴含的问题、现象、事件等的探究,获得新的、整体的、有关联性的经验。预设的结果会直接影响主题实施的进程,预设的内容包括主题目标、主题网络、情境脉络、实施路径与主题集体教学内容的甄选和主题背景下区域活动的主要内容,以及幼儿学习活动的主要方式。

3. 论证

论证是前期审议中的重要环节,它决定了主题预设的质量。论证的内容主要包括主题目标、主题实施路径和主题学习内容。论证的任务一般由幼儿园主题审议的先导组来完成。

(1) 目标适恰性

目标需从认知和能力、过程和方法、情感态度与价值观三个维度来制定,制定时要求目标的内容具体、可操作性强,不要过于高位和宽泛。在制定目标时既要关注当下学习内容的具体目标,又要关注在整个主题背景下的前后关联,以体现主题教学的整体性和相关性。因此在对目标进行论证时,既要关注目标的全面性,又要关注目标是否适合当下幼儿发展现状和学习特点,以及是否契合幼儿的最近发展区,这有利于幼儿完整经验的获得。

(2) 实施可行性

实施可行性高是主题教学活动的目标能够顺利达成的重要保障。主题活动的主要途径包括专门组织的幼儿学习活动,幼儿的一日生活、幼儿游戏、幼儿运动,幼儿园的环境创设和家园与社区间的合作。实施的途径越多样化,越能够激发幼儿的兴趣和需要,也能给予幼儿更为多样化的经验。同时我们在主题教学的组织中,要兼顾个体、小组、集体等不同的组织形式。因此在论证时,我们既要关注实施途径的可行性,又要关注实施过程中形式、方法的多样性,突显幼儿园课程生活化和游戏化的教育理念。

(3)内容丰富性

主题审议时既要关注幼儿的集体教学和区域活动,又要关注对课程质量具有相关影响的其他要素,如班级环境的主题创设、主题实施过程中的节点性评价任务、家园合作的内容等。在针对教学内容的审议时,要依据当前《3—6岁儿童学习与发展指南》中五大领域的要求,基于主题目标,精选与主题目标直接相关的教材内外的教学内容,通过支撑度分析的方式,选取与主题目标相关和支撑度高的活动内容,力求涵盖五大领域,以促进幼儿的均衡发展。同时,选择内容时还要兼顾各领域中幼儿学习的逻辑,做到尊重差异、螺旋上升、递进发展。

(二)典型案例:小班主题活动"汽车嘟嘟"

宁波市海曙区气象路幼儿园　徐宁

1. 调研

(1)幼儿经验

①关于幼儿经验调查表的设计

以下是教师在"汽车嘟嘟"调查表的设计过程中记录的小班教师1、教师2和教师3的审议片段。

教师1:"现在的孩子家里都会有汽车,我觉得我们可以从贴近孩子的'我认识的汽车'主题出发,让孩子可以找一找、画一画认识的汽车。"

教师2:"对于小班的孩子来说,画画的方式是不是有点太难了?我们以前带小班的时候,有一种圈一圈的方式,我们提供一些图示,孩子可以根据图片来圈一圈自己认识的汽车,这样会不会好一点?"

教师1:"这个方法不错,圈出来比较符合小班孩子的年龄特点。虽然

第二章 主题审议的操作范式

我们提供了图片,但是我们提供给孩子的都是比较常见的,那万一有些孩子认识的汽车是比较特殊的,我们提供的汽车中没有呢?"

教师2:"不然,我们在后面空一点给孩子,比如这样……(画了示意图)也可以请他们的父母一起参与,这样我们就可以比较充分地了解孩子们和汽车有关的原有经验了。"

教师1:"我突然想到,我们可以不那么死板。有一些杂志、报纸上都有车的广告,有时候孩子还可以剪下来,再贴上去,这样也挺有意思的。"

教师3:"剪剪贴贴也是蛮好玩的,小班本来就要培养他们的动手能力,这个方法可以!"

从上述审议过程中可以发现,每位老师对于调查表的设计都有自己的想法。考虑到小班幼儿以具体形象思维为主,在前期调查表的设计中,年级组老师从幼儿身边入手,主要从"我认识的汽车""我最喜欢的汽车"和"我还想知道的问题"三个方面进行调查,幼儿可以圈出表中自己认识的汽车,也可以把自己曾看到过的、认识的汽车剪下,贴在调查表上展示出来,并请爸爸妈妈一起记录最喜欢的车和还想了解汽车的哪些秘密,以此探究幼儿的兴趣点和未知经验,为后续主题活动内容的选择提供依据。

我知道的 汽车

我认识的 汽车 (○圈出认识的车,或✄剪下认识的车贴上去)	我最喜欢的 汽车 (✎画出最喜欢的车,或✄剪下最喜欢的车贴上去)	关于 汽车,我还想知道什么

②幼儿经验调查分析

调查内容	幼儿人数	幼儿表现	分析
我认识的汽车	27人	幼儿都能圈出调查表中的汽车。	幼儿的生活经验比较丰富,认识的车辆种类比较多。
我喜欢的汽车	8人	自行车、公交车、小轿车等常见的车。	出行方式和幼儿的生活息息相关。
	19人	警车、消防车、大吊车等有特殊功能的车。	幼儿对外形和功能特别的汽车比较感兴趣。
幼儿的已有经验	我的汽车大大的,我的汽车是红色的。		说明幼儿对汽车明显的外形特征是比较感兴趣的。
幼儿感兴趣的问题	汽车的肚子里有什么?汽车为什么会开?汽车为什么会有轮子?		幼儿对汽车的兴趣比较个性化,这和幼儿的原有经验有关。

③幼儿日常对汽车的兴趣

幼儿在前一周的"一起玩玩具"主题中带来了各种各样的玩具。其中,有很多幼儿都带来了汽车,以下是幼儿对话和自由游戏的一段记录。

柚子:"我喜欢那个大吊车!它可以把很多东西都吊起来!"

六六:"我喜欢那个警车,'嘀嘟——'要把坏人抓走的!"

雨霏:"公交车是妈妈带我和弟弟一起坐过的!"

煜恩:"我家有好多好多车子!给你看!这个是我带来的!"

文汐:"我早上是坐爸爸的车子来幼儿园的,爸爸不在的时候是外婆带我坐公交车来的!"

从幼儿的对话中可以发现幼儿对于汽车有着浓厚的兴趣,喜欢用小嘴巴模仿汽车喇叭的声音,也喜欢拿着汽车和周围的伙伴一起游戏,尤其对于一些特殊的汽车(大吊车、警车等)也有一定的了解。同时教师还发现幼儿喜欢无意识地"开"自己的玩具车,撞在一起会觉得很好玩或者自动回避,还会和同伴一起反复玩开车的游戏,可见幼儿对于开汽车的游戏非常感兴趣。

(2)审主题来源

主题"一起玩玩具"来源于《幼儿园完整儿童活动课程》(简称《完整儿童》),"汽车嘟嘟"是"娃娃乐"中的一个子主题。

首先,玩具汽车是幼儿身边最常见的也是他们比较喜欢的玩具,容易激发幼儿的学习兴趣,也有利于幼儿在学习中的理解和感知。

其次,玩具汽车这一教学资源非常丰富。玩具汽车具有多样性和外显性,比如汽车的外观、颜色、特殊功能等,有利于为幼儿创造良好的学习情境,使幼儿能在观察与操作中获得有益的经验。

最后,这个主题有利于幼儿在游戏中学习。幼儿在与同伴一起玩玩具的过程中会萌发对事物探索的兴趣,学会与同伴交往,建立基本的谦让、分享、合作的意识,还能逐步养成整理玩具的好习惯。

(3)课程资源

我们主要从教材文本资源、网络资源、物质资源、人力资源四个方面进行了梳理。

①教材文本资源

《完整儿童》中该主题的教学活动有5节,涵盖语言、社会、艺术、科学四个领域。在宁波市教育局教研室编发的《主题活动实施方案》中关于"汽车嘟嘟"的集体教学活动有5节,体育游戏、科学游戏、音乐游戏有5节,领域覆盖全面,且有对应的区域活动指导。另外,《幼儿园经典体育游戏》中的"人体轱辘辘""开碰碰车"这2节体育游戏也颇为经典。

②网络资源

绘本:《等汽车》《轱辘轱辘转》等电子版的绘本。

歌曲：《我的小汽车》《开汽车》等。

视频：各种各样汽车的视频、开汽车时的模拟视频。

③物质资源

教师绘制了与主题相关的地图。幼儿园周边有汽车 4S 店，可为幼儿实地参观提供便利。根据幼儿学习模式，教师在主题脉络中有序地预设了活动"在马路上观察来往的汽车""参观 4S 店"，让幼儿在参观中获得相关的知识。

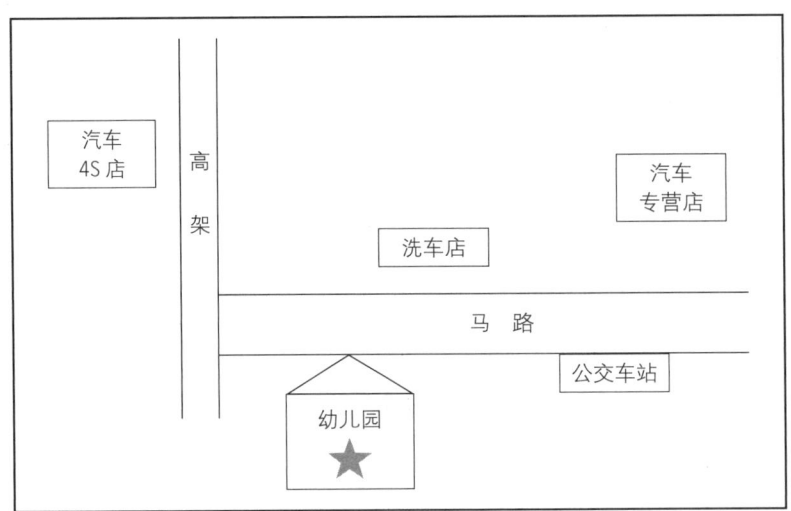

④人力资源

家长对该主题的开展非常支持，前期陪同幼儿参与调查，也从家中带来了各种各样的玩具汽车来支持孩子参与玩具汽车的展示。

2. 预设

（1）主题目标

根据幼儿的主要兴趣和该主题的教育价值，我们的主题目标略有调整，具体目标如下。

①认识几种玩具汽车的外形和特点，乐意探索玩具汽车的玩法。

②乐意参与"扮演司机"的角色游戏，学习扮演角色并获得相关经验。

③愿意和同伴一起玩小汽车，体验和同伴一起游戏的快乐。

（2）内容甄选

小班"汽车嘟嘟"主题背景下集体教学活动目标支撑度分析

活动名称	活动目标	主题目标		
		认识几种玩具汽车的外形特点，乐意探索玩具汽车的玩法	乐意参与"扮演司机"的角色游戏，学习扮演角色并获得相关经验	愿意和同伴一起玩小汽车，体验和同伴一起游戏的快乐
科学活动：我的玩具汽车	1. 乐意观察玩具汽车，发现玩具汽车明显的外形特点 2. 学习探索不同玩具汽车的玩法	★★★	★	★★
语言活动：轮子歌	1. 学习儿歌，感受问答式儿歌的趣味 2. 能够跟着老师大声朗诵儿歌	★★★	★★	★
社会活动：我当司机来开车	1. 知道汽车、行人在马路上要遵守交通规则，认识红绿灯 2. 能较灵敏地根据信号做动作 3. 体验模仿游戏的快乐	★★★	★★★	★★★
健康活动：人体轱辘辘	1. 用侧身滚动的方法模拟某一物体，增强节奏感和身体的协调性 2. 体验滚动带来的快乐	★	★★★	★★★
艺术活动：小汽车的花衣服	1. 认识红、蓝、黄、绿四种颜色，学习使用蜡笔在一定的空间内涂色 2. 通过观察教师的示范，学习顺着一个方向细心地使用不同颜色的蜡笔涂色	★	★	★

说明：集体教学目标和主题目标对接，支撑度高的为★★★，支撑度中的为★★，支撑度低的为★（支撑度为活动目标与主题目标的关联程度）。

（三）主题网络图

完成主题目标的审议和集体教学内容的甄选后，教师根据幼儿的兴趣和需要，从"各种各样的汽车""汽车真好玩""我和汽车的故事"三个小主题建构了主题网络。

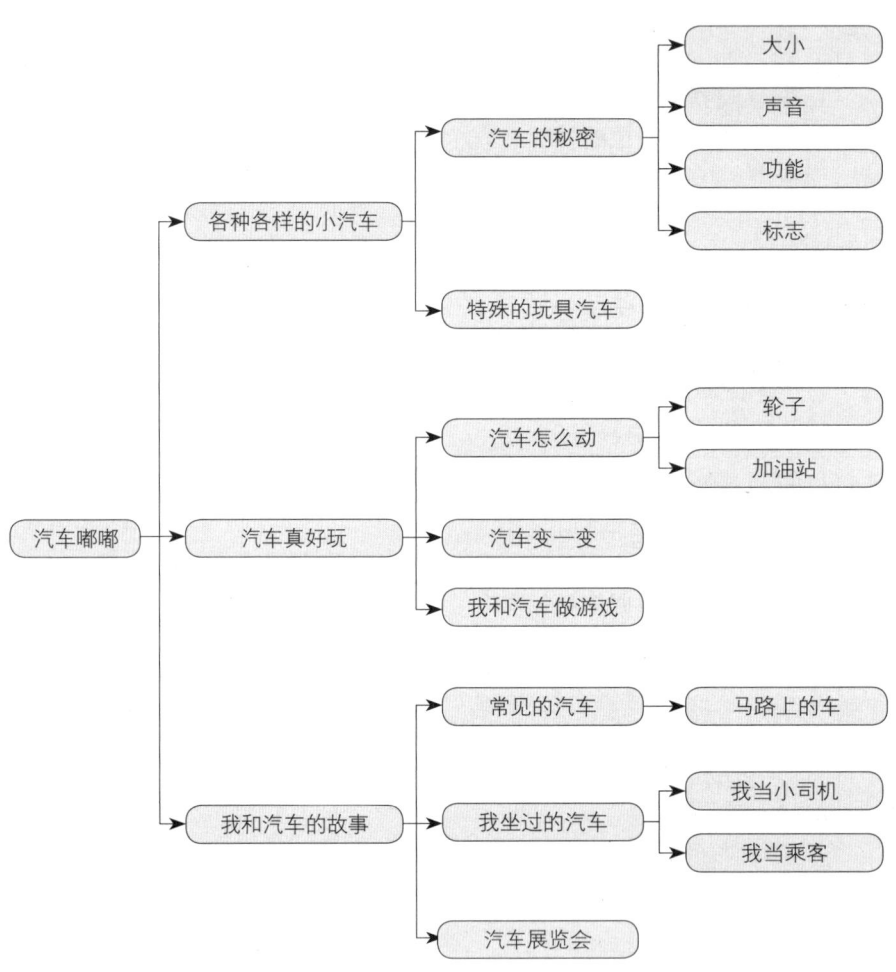

（4）情境脉络图

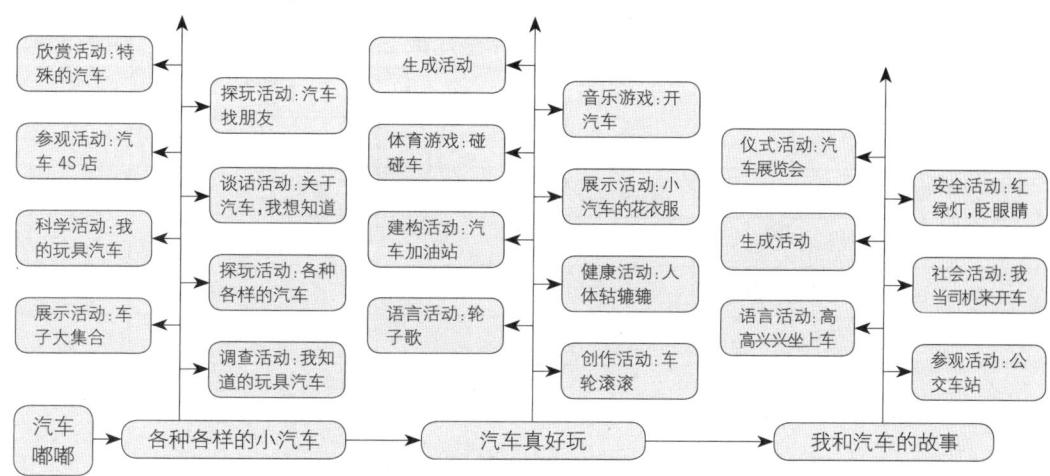

（5）实施路径

为了丰富主题的实施路径，我们经过审议后预设了集体教学活动、创作活动、调查活动、展示活动等多样态的活动。

①集体活动来源

	集体活动名称	实施样态	来源		
			《完整儿童》	主题活动实施方案	原创
1	我知道的玩具汽车	调查活动			√
2	车子大集合	展示活动	√		
3	各种各样的汽车	探玩活动			√
4	我的玩具汽车	科学活动		√	
5	关于汽车，我想知道	谈话活动			√
6	汽车4S店	参观活动			√
7	汽车找朋友	探玩活动			√
8	特殊的汽车	欣赏活动			√
9	车轮滚滚	创作活动	√		
10	轮子歌	语言活动	√		
11	人体轱辘辘	健康活动		（经典体育游戏）	
12	汽车加油站	建构活动			√
13	小汽车的花衣服	展示活动	√		
14	碰碰车	体育游戏			√

续表

	集体活动名称	实施样态	来源		
			《完整儿童》	主题活动实施方案	原创
15	开汽车	音乐游戏		（音乐）	
16	公交车站	参观活动			√
17	高高兴兴坐上车	语言活动		（主题实施方案）	
18	我当司机来开车	社会活动		（主题实施方案）	
19	红绿灯，眨眼睛	安全活动		（安全平台）	
20	汽车展览会	仪式活动			√

②区域活动

主题背景下的区域活动

活动名称	活动目标	所属区域	活动材料
汽车超市	能根据汽车的不同特征进行分类	科探室	不同颜色、大小的汽车，贴有不同标识的鞋盒做成的停车场
车轮找家	能根据汽车轮子的花纹配对相应的玩具车	益智区	印有车轮花纹的图案和相应的玩具汽车
小汽车的花衣服	能选取喜欢的材料对小汽车进行装饰	创意吧	各种纸巾盒做的汽车若干，彩色纸若干，各种装饰性材料
加油小能手	在游戏中尝试根据他人的需求加油	户外娃娃家	大型纸板箱若干，加油桶若干
搭建汽车	运用不同材料搭建简单的汽车	建构区	磁力片、雪花片、积木等，建构汽车示范图
汽车赛道	尝试用积木建构跑道，进行汽车速度比拼	户外建构	各种各样的小汽车，积木若干
高高兴兴坐上车	能细看画面或扮演其中一个角色进行故事表演	表演区	小鸡、小鸭、小猫、小青蛙头饰若干

区域活动针对不同的幼儿、不同的问题和不同的情境，灵活采用多样化的材料、适宜和有效的指导策略，对支持幼儿个别化的兴趣学习起到桥梁作用。为了使区域活动更好地和主题活动相结合，我们预计向益智区、美工区、建构区等区

域投入新的操作材料供幼儿游戏选择。

③自主游戏

提供红绿灯、交通标示牌、方向盘、警察服装、加油站、硬纸板制作的各种汽车轮廓等材料,引发幼儿自主游戏。

④其他活动

a. 举办玩具汽车展。

b. 观察马路上的汽车:观察幼儿园门口的汽车,说说汽车的颜色和种类。

c. 乘坐公交车去游玩:感受红绿灯的功能,请父母带幼儿去体验乘坐公交车的感觉。

3. 论证

年级组审议后,由幼儿园审议先导小组对主题审议的结果进行可行性论证,主要包括内容主题目标的适恰性、实施途径的可行性、选择内容的丰富性。

(1)目标适恰性

①主题目标能以社会领域为核心领域,根据小班初期新入园的幼儿的情况,以幼儿为中心,注重幼儿和同伴一起游戏的快乐和幼儿园生活的快乐体验。

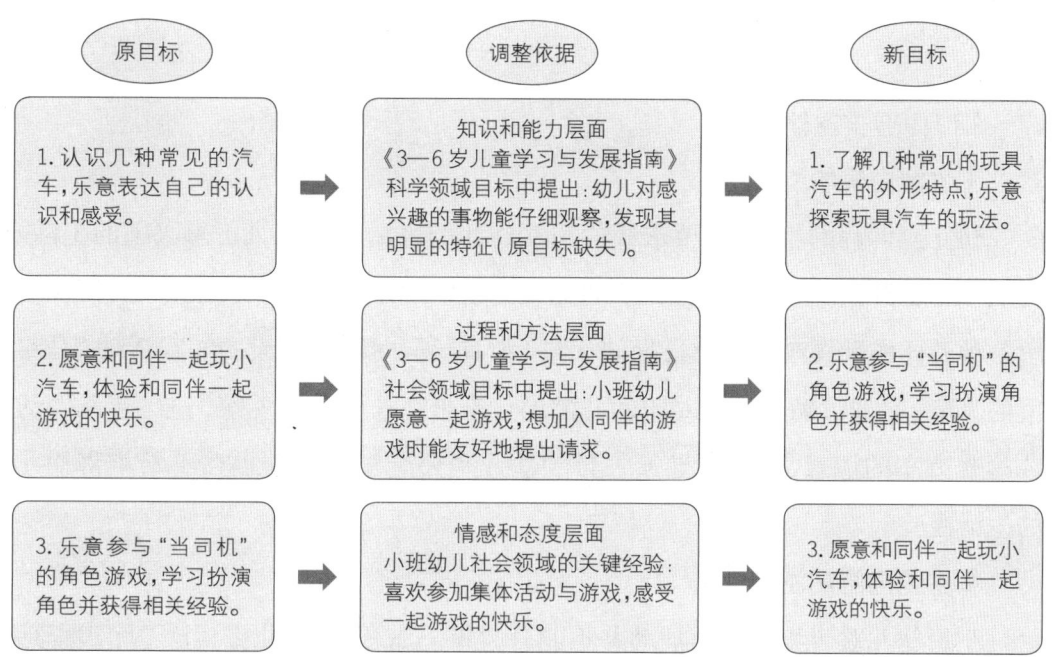

②能将主题目标具体化,结合《3—6岁儿童学习与发展指南》及相关的核心经验,补充对于玩具汽车简单的科学认知的内容,也将社会性的发展目标具化为:愿意和同伴交流玩具,体验一起玩游戏的快乐。

(2)实施可行性

在原有的主题教学活动中,幼儿的学习主要集中在集体教学与区域活动两大块。主题审议后除了集体教学活动,还可以增加与教学匹配的实践观察、角色体验、玩具汽车展览会等多种形式的活动。实施途径可行性高的同时,实施途径多样化,最终让幼儿学得有趣、玩得开心。

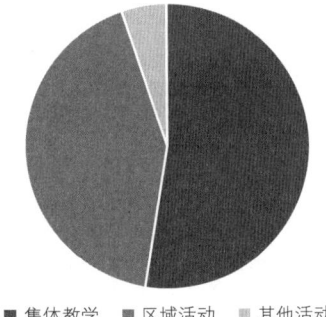

主题原实施路径

■ 集体教学　■ 区域活动　■ 其他活动

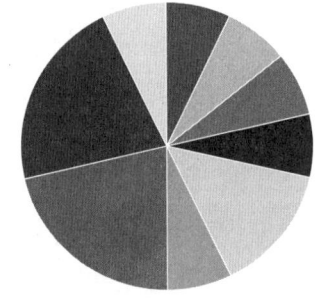

审议后主题实施路径

■ 调查活动　■ 展示活动　■ 探玩活动
■ 欣赏活动　■ 创作活动　■ 参观活动
■ 区域活动　■ 专用室活动　■ 体育活动

(3)内容丰富性

①主题内容的生活性

幼儿园课程的生活化,要求我们关注幼儿的生活和他们真正感兴趣的生活。此次"汽车嘟嘟"主题活动选择了幼儿最为喜欢的玩具汽车来开展主题,幼儿家里各种各样的玩具汽车成为最好的学习"教具",同时教师预设的实践活动"马路上的汽车"是通过幼儿日常对于幼儿园门口来来往往汽车的观察,进一步激发幼儿喜欢汽车的情感,以及引导家长带领幼儿坐公交车的活动也在不断丰富幼儿的生活经验。

②主题内容的游戏性

小班幼儿对于集体教学活动并不能持续集中注意力,幼儿更喜欢"玩"玩具,而不是"学"玩具。我们在主题建构中预设了符合小班幼儿的绘画游戏"车轮滚滚",幼儿可以在绘画游戏中感受车轮不一样的花纹,细心的幼儿可以发现有些汽车的轮子数量也是不一样的,这使得主题活动更有趣;"汽车赛道""停车场"也是同样的,让幼儿在自主的游戏中可以发现简单的道理,在游戏中初步感知汽车不同的特点,同时"当司机"的角色游戏,也为幼儿相互间的交往提供了契机。

③主题活动的多样性

在主题的实施过程中,要遵循幼儿为本的原则,开展集体活动、区域活动、低结构活动、亲子活动、功能室活动等。

在实施路径中,幼儿既可以利用身边的资源,进行参观、调查活动,又可以在分享活动中梳理经验,在集体活动中寻找问题的答案。多样化的欣赏、创作活动能补充幼儿的经验,丰富多彩的区域活动能满足幼儿个性化学习的需要,调动幼儿的主观能动性。

在实施的方式上,通过室内和户外相结合的方式,让幼儿在自然的环境中寻找资源,发挥创造力,释放幼儿的天性。同时,亲子活动也能将家长吸引到园本化课程中。

二、中期审议的操作范式

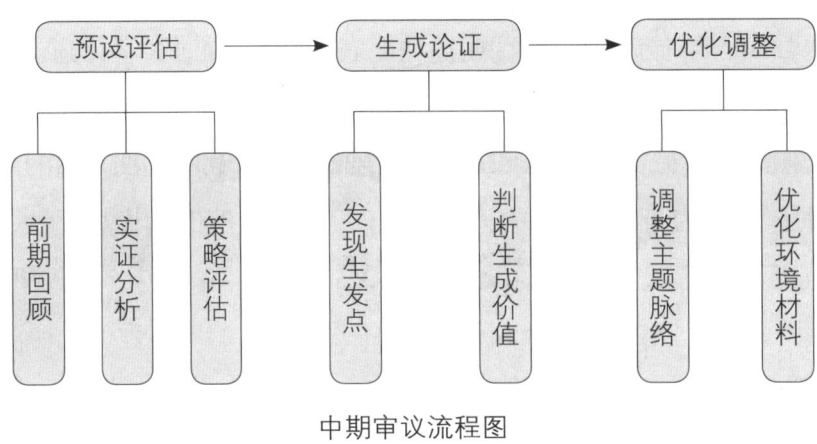

中期审议流程图

（一）操作要点

1. 预设评估

（1）前期回顾

回顾内容包括已经完成的主题教学活动内容和其他已经付诸实施的区域活动，还包括分享教学实录、课程故事、游戏案例、幼儿表征、绘画作品等幼儿在主题行进中所呈现的学习行为和表现。

（2）实证分析

根据主题背景下集体教学采用聚焦目标的嵌入式评价，可以对集体教学的目标达成情况进行评价,对区域活动观察案例进行分析评价,在个别化学习内容中,对幼儿学习行为进行评价,并形成相关的实证进行达成率分析。这些分析结果可以为前期活动的评估和后续活动的调整提供依据。

(3)策略评估

首先分析基于幼儿主题学习的嵌入式评价的结果,评估在前期审议中预设的主题网络是否适宜,实施路径是否切实可行,判断预设的情境学习脉络是否能够满足幼儿的发展需要,开发和利用新的课程资源是否支持了主题活动的开展。其次,评估主题教学活动内容和教学策略是否达成了预期的主题目标,帮助幼儿获得新的、有益的经验。

2. 生成论证

(1)发现生发点

教师需要倾听幼儿的谈话,观察幼儿的游戏,分析幼儿的行为,通过班内审议的方式,去考量和支持幼儿新的学习行为。教师还要善于捕捉幼儿新的兴趣和需要,生成新的主题线索,以满足幼儿在学习过程中不断出现的新的兴趣和需要,进一步引导幼儿开展深度学习。

(2)判断生成价值

在新的主题线索或者内容生成的过程中,都需要教师对生成内容的教育价值进行认真的研判。幼儿新的需要究竟是个别幼儿的需要还是大多数幼儿的需要,这可以通过审议帮助教师做出正确的判断。一方面,新生成的内容可以避免没有意义的、重复的、脱离幼儿年龄特点的甚至是负价值性的主题内容。另一方面,新生成的内容可以根据幼儿不同的需求产生不同的学习方式,如小组化、个别化的学习,提供个性化的支持,以满足每个幼儿的需要,促进幼儿的发展。

3. 优化调整

(1)调整主题脉络

幼儿在主题行进的过程中会存在不确定性,也会因为兴趣的变化或转移出现新生成的主题内容的情况。因此我们可以通过中期审议,再次论证新生成的主题的目标和即将实施的内容是否符合幼儿学习的特点,和前期完成的主题学习内容之间产生经验延伸,并做出相应调整。

（2）优化环境材料

主题行进过程中的环境和材料是随着主题内容的改变而改变的,更是随着幼儿学习的发生而改变。因此教师要根据幼儿的需要进行相应的调整,尤其是在中期审议过程中,当生成新的主题后,教师要及时对主题环境和原有的区域活动材料进行调整和补充。

（二）典型案例：小班主题活动"亲亲一家人"

宁波市海曙区气象路幼儿园　吴丹

1. 预设评估

（1）前期回顾

①幼儿的兴趣

小班主题活动"亲亲一家人"分为"我爱妈妈""我爱我家"两个子主题。主题是以"三八"妇女节作为切入,所以在主题行进的第一周,幼儿主要通过对妈妈的前期调查,了解了妈妈的外形特征与妈妈的爱好。各个班级在区域中投放了妈妈喜欢和常用的物品,日常的娃娃家成了幼儿最喜欢的游戏场所。他们戴上妈妈喜欢的饰品,学着妈妈的样子照顾娃娃。

教师1："我们在区域活动时投放了许多小袜子,孩子们很喜欢学着爸爸妈妈的样子整理袜子。在这个游戏中,孩子们学会了袜子分类,而且物品整理也比以前做得更棒了。"

教师2："主题开始的这段时间,孩子们在游戏的时候更专注了。他们模仿着爸爸妈妈在生活中的行为,收集的爸爸妈妈的饰品是孩子们最为喜欢的区域材料。"

教师3："妇女节的当天,孩子们亲手制作的棉花糖让妈妈们特别感动,都说自己的孩子突然就长大了,妈妈们都吃到了最甜的棉花糖。"

教师4:"在主题实施中,不管是通过游戏观察,还是嵌入式评价都让我发现社会情感的体验必须来自孩子们的亲身经历,特别是小班幼儿处在直觉行动阶段,语言表达能力尚弱。在本次的社会活动'妈妈和宝贝'的嵌入式评价中,我们就发现了这个问题。"

教师5:"这周主题行进中,我们的活动更多的是集体活动,其中只有一个实践活动,就是'给妈妈的礼物'。在后期的主题活动中,是否可以考虑让更多家长参与幼儿实践的活动,让孩子们在更多亲历活动中体验来自爸爸妈妈的爱,也要用行动去爱爸爸妈妈。"

（2）实证分析

幼儿的调查表多以家长的文字为主,甚至是家长单方面填写的,而幼儿表达需要借助图像,因此很多幼儿无法顺利地交流表达,需要教师的提示。小班幼儿愿意主动、完整地表达出妈妈的三个特征是比较有难度的,达成目标的只有48%的幼儿。

社会活动"我的家人"的教学目标达成度较高,大部分幼儿在老师的引导下愿意表达或者主动表达。活动中,幼儿对妈妈、外婆、奶奶的了解程度比较深,能够较为完整地表达出来,但是对爸爸会做的事情表达得并不是很多,只是停留在爸爸在赚钱、爸爸在工作这样的印象中。

实践活动"给妈妈的礼物"中,幼儿对制作棉花糖兴趣浓厚,注意力较为集中,并且非常愿意加入制作的过程。在教师的帮助下,幼儿把装饰好的棉花糖作为礼物送给了妈妈。后续妈妈们反馈个别幼儿自己吃掉了棉花糖,部分幼儿将棉花糖送给了妈妈。

社会活动"妈妈和宝贝"中有20%的幼儿没能完成预期的教学目标。

（3）策略评估

在中期审议中,主题行进一周后,能够看到根据预设实施后的集体活动和区域活动有利于主题目标达成,帮助幼儿获得新的经验。不过老师们发现主题实施路径相对单一,因为这个主题和幼儿的家庭、亲人有较为密切的关系,所以后期应增加多种形式的家园联动、幼儿的实践活动,以帮助小班幼儿获得更为丰富的认知和情感上的体验。

2. 生成论证

（1）发现生发点

通过集体教学活动的实录和幼儿日常的对话，我们发现了有利于幼儿新经验获得的新的生发点。

> 睿睿："我最喜欢奶奶，奶奶会做好吃的。"
> 钦钦："我的爸爸会踢球，我爸爸可厉害啦。"
> 小雨："我送棉花糖给妈妈吃，妈妈夸我好孩子。"
> 小禾："今天我和爸爸一起玩游戏了，爸爸把我举得可高了。"

倾听了幼儿的谈话，幼儿都发现了自己家人的特别之处，通过班际审议，为主题行进带来了新的思考和方向。我们认为可以借鉴主题活动"我爱妈妈"的经验，将"亲亲一家人"的主题内容延伸拓展到家庭中的爸爸，甚至是其他成员。我们可以挖掘更多的家长资源，让更多的家长进入到主题活动中来，让幼儿有更多的机会了解家人的"本领"，激发他们对家人的崇拜和热爱。

（2）判断生成价值

"亲亲一家人"的主题目标就是让幼儿感受家人的爱和家庭的温暖，知道自己家人在家庭中的重要性，更要尝试用自己力所能及的方式来表达爱。通过审议我们认为新生成的主题行进方向和主题目标相契合，有利于幼儿获得新的经验和更为丰富的情感体验。通过审议预设生成的亲子游戏"我和爸爸在一起"、社会活动"我最喜欢的菜"、探玩活动"放大镜下的全家福"，首先是让幼儿更多体会到了来自爸爸的爱、祖辈的爱，知道家人的辛苦，其次是通过寻找游戏，加深对家人特征、家庭环境特征的记忆，在游戏中感受家的温暖。

3. 优化调整

（1）调整主题脉络

经过班际的审议，结合前期主题实施的情况，重新梳理调整主题脉络，增加

第二章 主题审议的操作范式

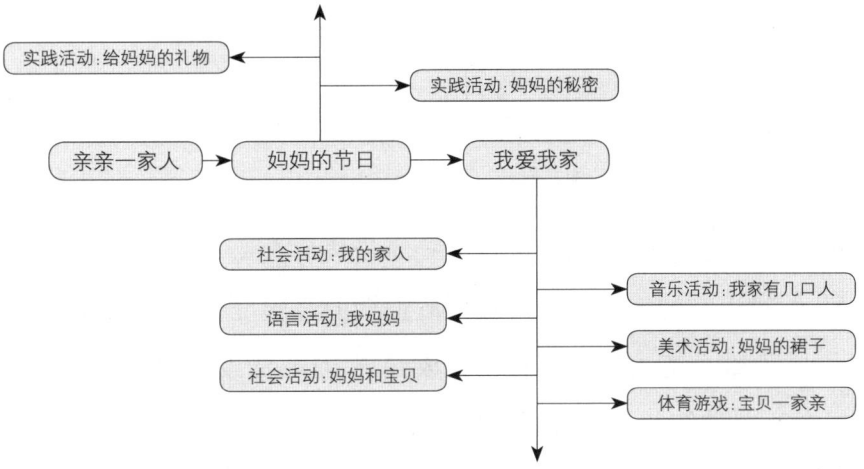

主题脉络调整前

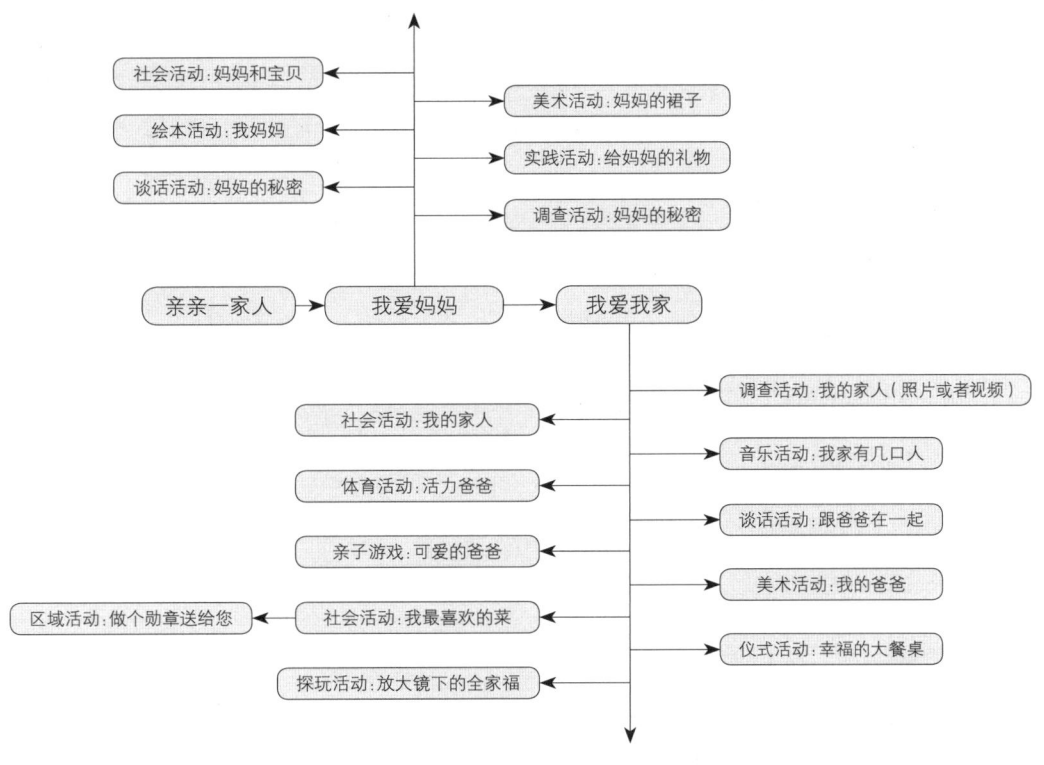

主题脉络调整后

了活动实施路径。这有利于幼儿获得更为丰富的经验,使得整个主题目标的达成度更高。

（2）优化环境材料

"放大镜下的全家福"是在中期审议后新生成的区域活动。放大镜这一材料小班幼儿是第一次接触,所以在区域活动时投放放大镜,可以让幼儿对这个材料提前熟悉,并对于它的使用方法与作用有前期的经验准备。在班级环境中,教师把大大小小、有部分遮盖的全家福都投放到环境中,激发幼儿探索、猜测的兴趣,让这种好奇心驱动幼儿去打开最终的"秘密",感受家人浓浓的爱。其丰富的材料成为主题推进的重要载体。

三、后期审议的操作范式

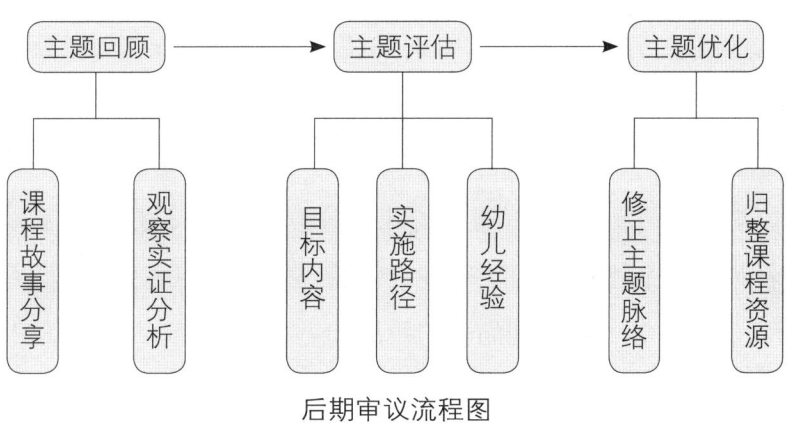

后期审议流程图

(一)操作要点

1. 主题回顾

(1)课程故事分享

分享主题行进过程中有价值的课程故事,梳理课程故事的主要线索,提取幼儿在学习过程中感兴趣的问题以及解决问题的过程和方法,以了解幼儿的学习方式,记录幼儿的学习行为和教师的支持策略。这些资料可作为后期审议反思过程中的实证依据。

(2）观察实证分析

在主题行进中,教师可以通过主题实施评价结果分析、区域观察记录、主题经验检核表、专项评估等形式,结合课程的培养目标,观察幼儿在各个领域中的语言表达、行为方式、学习成果,以及幼儿的自我评价,为教师对整个主题实施的效果反思与评价提供依据。

2. 主题评估

（1）目标内容

依据实证对比分析,判断是否达成了预定的目标。罗列没有达成的目标内容,并进行原因分析。对主题行进中有增删的内容做出说明。

（2）实施路径

对实施路径进行反思时,可以特别关注实施中的创新点和新开发的课程资源,对实施效果不佳或者幼儿学习兴趣不高的内容进行反思,并提出调整建议。

（3）幼儿经验

对于幼儿经验的反思,可以通过幼儿经验检核表、家长反馈表和幼儿的自我学习评价表对幼儿个体经验的获得进行评价,梳理幼儿通过主题学习获得的新的经验,分析幼儿在学习中出现的新的挑战和需要,为后续的主题学习提供依据。

3. 主题优化

（1）修正主题脉络

随着主题活动的不断推进,最后形成的情境脉络和主题前审中预设的脉络会有所不同,甚至会因为幼儿的兴趣而发生转向,或者生成主题背景下的项目活动。因此,需要根据整个主题的实际实施情况和反思审议的结果,厘清新的主题网络和脉络,并说明调整的原因,对原有的主题脉络进行修正,重新绘制主题网络图。

（2）归整课程资源

课程资源是主题实施的重要保障,后期审议就要将主题实施过程中的所有资源进行归类和整理,其中,包括文本类资料、视频类资料等。文本类资料主要包括三个阶段的审议资料,优化修正后的主题目标、内容、主题网络、情境脉络、区域活动的内容和材料、主题墙的板块内容、教师的反思、课程故事。其次,可搜集具有代表性的幼儿表征和家长反馈。对于新生成的主题,可绘制相应的课程资源图表,为之后的课程实施提供重要的参考依据和开展审议的材料。视频类资料包括教师设计的课件、幼儿活动照片集锦、教师拍摄的视频片段、和主题相关的仪式类活动的视频资料等。

(二)典型案例:大班主题活动"多彩的民族"

宁波市海曙区启文幼儿园　戴娜

1. 主题回顾

(1)课程故事分享

"多彩的民族"是大主题"我的祖国叫中国"下的子主题,经过前期的调查,各个班级的幼儿根据自己的兴趣对自己想要了解的民族进行了投票,最终形成了每个班级的班本主题。案例中的幼儿投票选择了新疆维吾尔族作为班本主题内容。

故事1:在主题实施中,让教师和幼儿最有感触的是当孩子们看到《大美新疆》的视频时发出的阵阵赞叹,"我们的祖国好大,我们的祖国好美丽""我好想到新疆去看看……"顿时感觉教室里的气温上升了,那是一种作为中国人的自豪感。

故事2:在活动中,通过云连线的方式,幼儿与新疆库车的同龄伙伴进行了对话,并提出一些自己的问题,如新疆小朋友每天是几点上幼儿园的,每天在幼儿园里做些什么,新疆的特产是什么,维吾尔族的语言是怎样的。

故事3:教师带领幼儿去了南塘老街的塔里木餐厅。幼儿对餐厅里木柱上的花纹很感兴趣,还品尝了新疆特色食品烤羊肉串和手抓饭,真实地感受了新疆餐厅独有的味道。

这些小故事的分享,让教师更为关注课程中的幼儿,看到了课程带给幼儿的新的收获与体验,也看到了主题实施的成果。整体主题实施效果较好,部分活动还需进行优化微调。

(2)观察实证分析

该主题中,我们对各个集体活动、实践活动、区域活动的实施进行了观察,并进行了幼儿主题经验检核。

教师:在区域游戏中,彤彤选用了自己喜欢的装饰物,一边观察一边自己动手做,完成了一件维吾尔族民族服饰与一顶帽子。在这个过程中,彤彤能够仔细观察,并能够展现出维吾尔族民族服饰的特色。在后续的活动中,幼儿很喜欢用这个道具进行游戏表演。这个片段也实录在了"孩子通"中,作为孩子在主题活动中的观察实证。

大班"我喜欢的维吾尔族"主题幼儿经验检核表

一级指标	二级指标	检核内容	检核标准	集体教学（区域活动）	幼儿人数与学号（按实际人数记录）
会玩亲和	动作与健行	运动能力	A.愿意参加外出考察活动,能连续行走1.5千米以上 B.能在教师的鼓励下,连续走完1千米 C.中途休息后能走完1千米	参观活动:塔里木餐厅	A:30人(全体) B:0人 C:0人

续表

一级指标	二级指标	检核内容	检核标准	集体教学（区域活动）	幼儿人数与学号（按实际人数记录）
会玩亲和	创造与表达	多元表达	A. 能用绘画形式自主表现维吾尔族民居的明显建筑造型和花纹 B. 能用绘画的形式表现维吾尔族民居的明显建筑特征 C. 无法用绘画的形式表现维吾尔族民居的明显建筑特征	美术活动：美丽的阿以旺	A:9人（1、5、8、9、12、24、25、27、32） B:16人（3、6、7、10、11、13、14、15、18、19、21、22、23、26、29、33） C:5人（2、17、20、28、30）
		美工创造	A. 能选择多种材料进行有规律的装饰，独立完成帽子作品 B. 能在教师帮助下选择多种材料进行装饰，基本独立完成帽子作品 C. 能在教师的帮助下，在帽子上进行简单装饰，完成作品	创作活动：维吾尔族帽子	A:13人（1、5、7、8、9、12、15、18、21、24、25、27、32） B:13人（3、6、10、11、13、14、19、22、23、26、29、30、33） C:4人（2、17、20、28）
		韵律表现	A. 能根据音乐的节奏，用踏跺步表现维吾尔族舞蹈的基本动作，肢体动作协调 B. 能根据音乐的节奏，用踏跺步表现维吾尔族舞蹈的基本动作，肢体动作基本协调 C. 不能根据音乐的节奏做动作，肢体动作不协调	音乐活动：娃哈哈	A:14人（1、7、8、9、10、12、18、21、24、25、26、27、29、32） B:11人（2、5、6、11、15、19、20、23、28、30、33） C:6人（3、13、14、16、17、22）
	亲善与交往	合作交往	A. 愿意和同伴共同合作制定体验计划，并能在小组中主导活动 B. 愿意和同伴合作，能配合完成活动 C. 不愿意和同伴合作，独自活动或游离于小组活动	社会活动：体验计划	A:8人（1、8、12、15、19、25、27、32） B:17人（3、5、6、7、9、10、14、17、18、20、21、22、24、26、29、28、30） C:4人（2、11、13、33）

续表

一级指标	二级指标	检核内容	检核标准	集体教学（区域活动）	幼儿人数与学号（按实际人数记录）
会玩亲和	亲善与交往	分享交流	A.能主动分享交流自己的调查结果 B.在教师的鼓励下愿意分享交流自己的调查结果 C.不愿意分享交流自己的调查结果	分享活动：维吾尔族大调查	A:15人（1、3、7、8、10、11、12、15、18、19、24、25、27、32、33） B:11人（2、5、6、9、13、14、21、22、23、26、29） C:4人（17、20、28、30）
乐学善思	兴趣与体验	学习兴趣	A.能积极参与调查，并能清楚完整地说出少数民族的名称和喜欢的理由 B.能参与调查，在教师的提醒下能说出少数民族的名称和喜欢的理由 C.能参与调查，不能清楚地说出少数民族的名称和喜欢的理由	社会活动：我最喜欢××族	A:16人（1、3、7、8、10、11、12、15、18、19、24、25、26、27、32、33） B:10人（2、5、6、9、13、14、21、22、23、29） C:4人（17、20、28、30）
乐学善思	兴趣与体验	学习体验	A.能积极主动选择喜欢的项目，并能认真准备完成任务 B.能在教师的引导下选择喜欢的项目，认真参与准备完成任务 C.在教师的引导下选择参加的项目，能参与完成	仪式活动：民族大联欢	A:9人（1、3、8、9、12、24、25、27、32） B:21人（2、5、6、7、10、11、13、14、15、17、18、19、20、21、22、23、26、28、29、30、33） C:0人
乐学善思	探究与发现	观察能力	A.能正确发现维吾尔族服装的特征 B.能在教师的引导下找出2—3种维吾尔族服装的特点 C.能在教师的帮助下找出1—2种维吾尔族服装的特点	欣赏活动：美丽的维吾尔族服装	A:19人（1、3、5、7、8、10、11、12、15、18、20、21、24、25、23、26、27、32、33） B:6人（9、13、16、19、22、30） C:5人（2、6、14、17、29）

续表

一级指标	二级指标	检核内容	检核标准	集体教学（区域活动）	幼儿人数与学号（按实际人数记录）
乐学善思	探究与发现	思维能力	A. 能独立想出数数的办法完成统计 B. 能在教师的启发下想出数数的办法并完成统计 C. 能在教师的启发下想出数数的办法但不能正确完成统计	数学活动：民族大统计	A:13 人（1、2、3、5、8、32、12、15、19、20、21、22、25） B:10 人（10、11、18、23、24、26、27、28、29、33） C:8 人（6、7、9、13、14、16、17、30）

2. 主题评估

（1）目标内容

基于幼儿兴趣的班本主题的活动目标达成度较高。对于主题实施中个别集体活动目标达成率低于 15% 的，教师们进行了反思。

教师 1："实践活动'参观塔里木餐厅'的目的是通过第二次的实地调查，让幼儿进一步了解新疆特有的美食以及维吾尔族的语言和服饰特征。但由于前期教师没有深入了解，忽略了因为疫情导致维吾尔族店员稀少的现状，使幼儿没有真正接触到维吾尔族服务员。"

教师 2："音乐活动'娃哈哈'的集体活动目标达成度比较低。通过集体活动中的舞蹈视频进行反思，我们发现，因为教师的教学目标制定有偏差，制定量规的时候指向不明确，导致教师的指导策略缺失。这个活动中，幼儿对于踏踮步掌握不到位，特别是男生，学习起来比较困难，动作协调性比较差。教师可以增加一些适合男生的新疆舞动作，可采用男女生对跳的表现形式，来提高男生的学习兴趣。"

（2）实施路径

本主题预设的主题实施路径除了常规的集体活动、区域活动外，还根据班级自己的选择开辟了新的角色游戏区域，如新疆美食店，并拓展了新的课程资源，将幼儿园附近的南塘老街中具有新疆特色的塔里木餐厅纳入实践活动的考察资源中。整个主题开展过程中,最为成功的路径是运用云连线的方式与新疆库车当地幼儿园的幼儿和教师视频。这个路径的运用让整个主题活动鲜活和真实起来,也激发了幼儿探究维吾尔族风俗民情的学习兴趣。

最后幼儿创设了维吾尔族馆,他们身着维吾尔族服饰,品尝维吾尔族美食。这个主题活动日将整个主题活动推向了高潮。

（3）幼儿经验

在活动开展前期,我们就分析评估了幼儿的原有经验:大班幼儿的相关经验是缺失的。班级中大概只有2—3个幼儿对主题内容有粗浅的了解,听过一些民族的名称,或是家长带去旅游过,但对于各个民族的生活习俗的认知比较少。

在主题活动中,通过实地考察、项目小组的推进学习,幼儿的经验也慢慢丰富起来,从习俗、文化、服饰、美食、环境等方面建构了相关经验。幼儿可以运用这个经验模式探究更多民族。

3. 主题优化

（1）调整主题脉络

鉴于整个主题前期审议是比较完整的,在主题实施中,我们没有做过多的主题脉络调整,而是在后期审议中对于个别目标达成度低的集体活动与实践活动进行了优化。

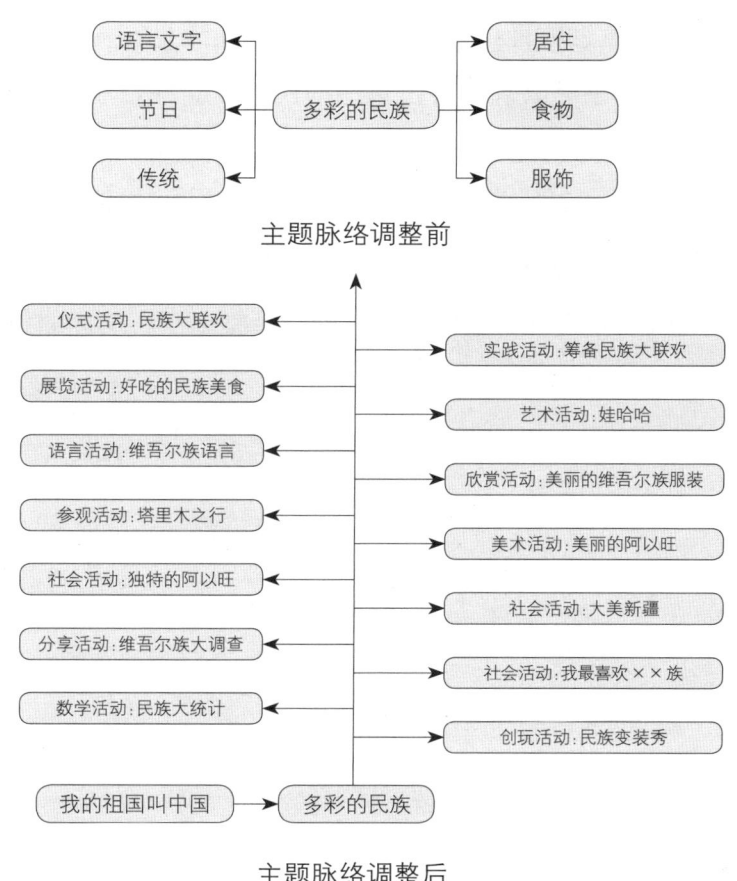

主题脉络调整前

主题脉络调整后

（2）归整课程资源

在子主题"多彩的民族"的资源包整理中，教师将与主题活动有关的音视频、集体活动需要的资源、所有阶段的调查表均以主题电子资源包的形式进行了整理。

（3）主题优化思路

整个主题是以创玩活动"民族变装秀"为导入，让幼儿在创玩游戏中对少数民族有初步的经验。之后，通过数学活动"民族大统计"，让幼儿感受我国少数民族之多。活动开展后，我们发现幼儿对于少数民族的兴趣点各有不同，教师基于幼儿兴趣的支持还不够。本次主题在设计时，教师的预设和主导较多，其主要难点体现在：一是对教师专业能力的挑战，二是小组式项目跟进实施在观念和实操上存在困难。根据这些问题，我们做出了调整。

首先，聚力团队力量，成立项目小组。主题"多彩的民族"中，重点就是如何体现多彩。教师们通过项目小组形式,更大程度地满足和支持幼儿去探索他们感兴趣的民族,教师也可以选择自己熟悉的民族成立项目小组。这样既满足了幼儿的兴趣,同时也降低了教师在主题实施中的难度。

其次,聚焦课程内容,开展小组活动。在活动前期,教师可以先让幼儿选择自己感兴趣的、有疑惑的内容进行探究,让幼儿通过调查、访问等形式积累关于该内容的新经验,最后通过小组分享形式进行经验分享。这样的优化,更能体现以幼儿为本。

第 三 章
主题审议的实践案例

一、小班主题活动"亲亲一家人"

宁波市海曙区气象路幼儿园　吴丹

幼儿园主题活动前期审议调研用表

大主题名称：亲亲一家人
子主题名称：我爱我家

主题来源分析	幼儿兴趣和需要	在关于家人的讨论中，幼儿提到了父亲、祖辈，还有和他们一起生活的其他家庭成员。每一个家庭成员都有不同的家庭角色和定位，幼儿都有着深切的感受，有充分的表达、分享的愿望。
	课程资源	实体资源：绘本《我爸爸》《一家人》《我的家人都很酷》，歌曲《我家有几口》《跟爸爸在一起》 网络资源：家庭餐桌的照片、爸爸和幼儿的游戏视频
	主题价值	家庭是幼儿生活的主要场所，家中的人、事、物与幼儿有着最直接的联系，是幼儿最熟悉与了解的。《3—6岁儿童学习与发展指南》社会领域目标指出"让幼儿形成基本的认同感和归属感"，而幼儿的归属感往往来自他们对群体生活（家庭、幼儿园）的直接感受和体验。父母对幼儿无微不至的照顾、关爱、鼓励与支持，都会让幼儿产生归属感。主题聚焦家庭，扩展了解家庭成员的特征、喜好、职业等，增进幼儿对家庭成员的了解，感受家人的付出与关爱，初步培养幼儿语言表达、手工制作等能力，培养幼儿感受爱、表达爱、感恩爱的能力，也能进一步加强幼儿和家人之间的感情联系与归属感。

续表

主题来源分析	原主题目标	1. 知道自己是家庭中的一员,在与家人的相处中,学习感恩、关心、分担,乐意用多种方式表达对家人的爱 2. 能主动亲近同伴,愿意和同伴一起分享,体验和同伴在一起的快乐时光 3. 愿意做自己力所能及的事,表达对家人的爱
调整目标		1. 知道自己是家庭中的一员,知道家庭成员,并了解他们的外形特征、本领以及对自己的付出 2. 愿意做自己力所能及的事情,表达对家人的爱 3. 感受家人的付出和家庭生活的温暖
调整理由和依据		1.《3—6岁儿童学习与发展指南》社会领域中社会适应的目标:知道和自己一起生活的家庭成员及与自己的关系,体会到自己是家庭的一员;能感受到家庭生活的温暖,爱父母,亲近与信赖长辈 2. 同伴的内容不包含在内,因此去掉

附:1. 幼儿经验调查表

家人的秘密 —— 我的_____

班级_____ 姓名_____		
家人的 ☺（特征）	家人的 📷（照片）	家人的 ✋（本领）
		家人为我做的事

2. 统计分析表

幼儿经验调查结果分析

项目	内容	分析
幼儿原有的相关经验	家人的特征、家人的本领、家人为我做的事情	家人的特征、本领、做的事情对于幼儿来说较为熟悉，能比较容易地表达出来
幼儿未知的相关经验	家人喜欢什么	幼儿较多了解家人每天在做的事情，但是因为平时不关注，所以对妈妈自身喜欢做什么或者吃什么不太了解
幼儿面临的挑战	在描述家人特征时，小班幼儿无法用词语准确地描述出来	

幼儿园主题活动前期审议预设用表

大主题名称：亲亲一家人
　　子主题名称：我爱我家

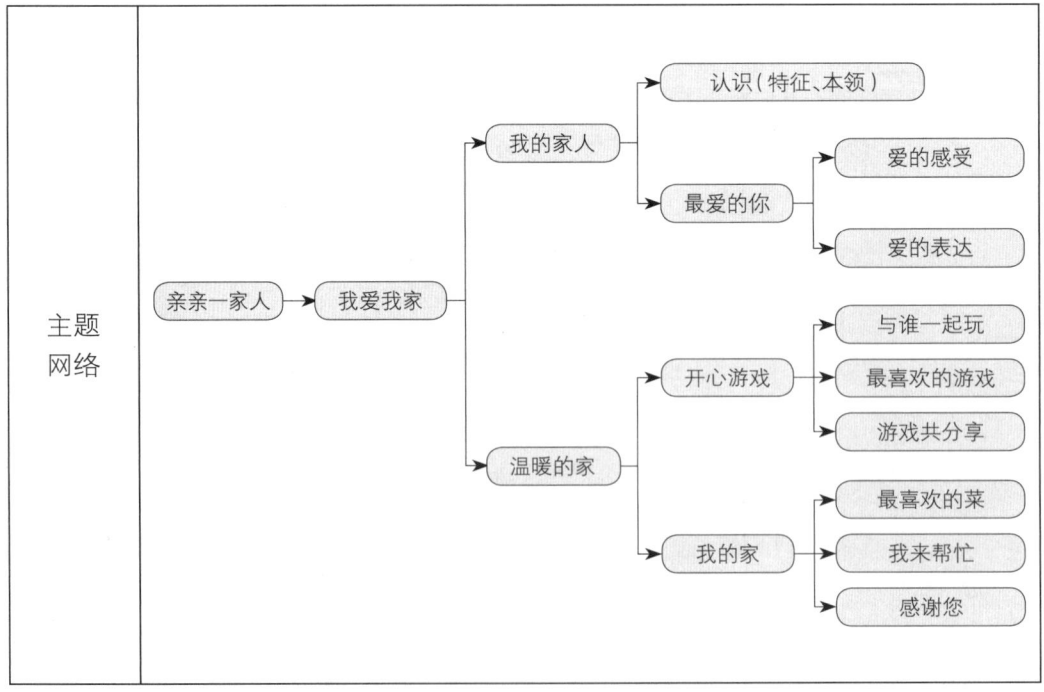

续表

情境脉络	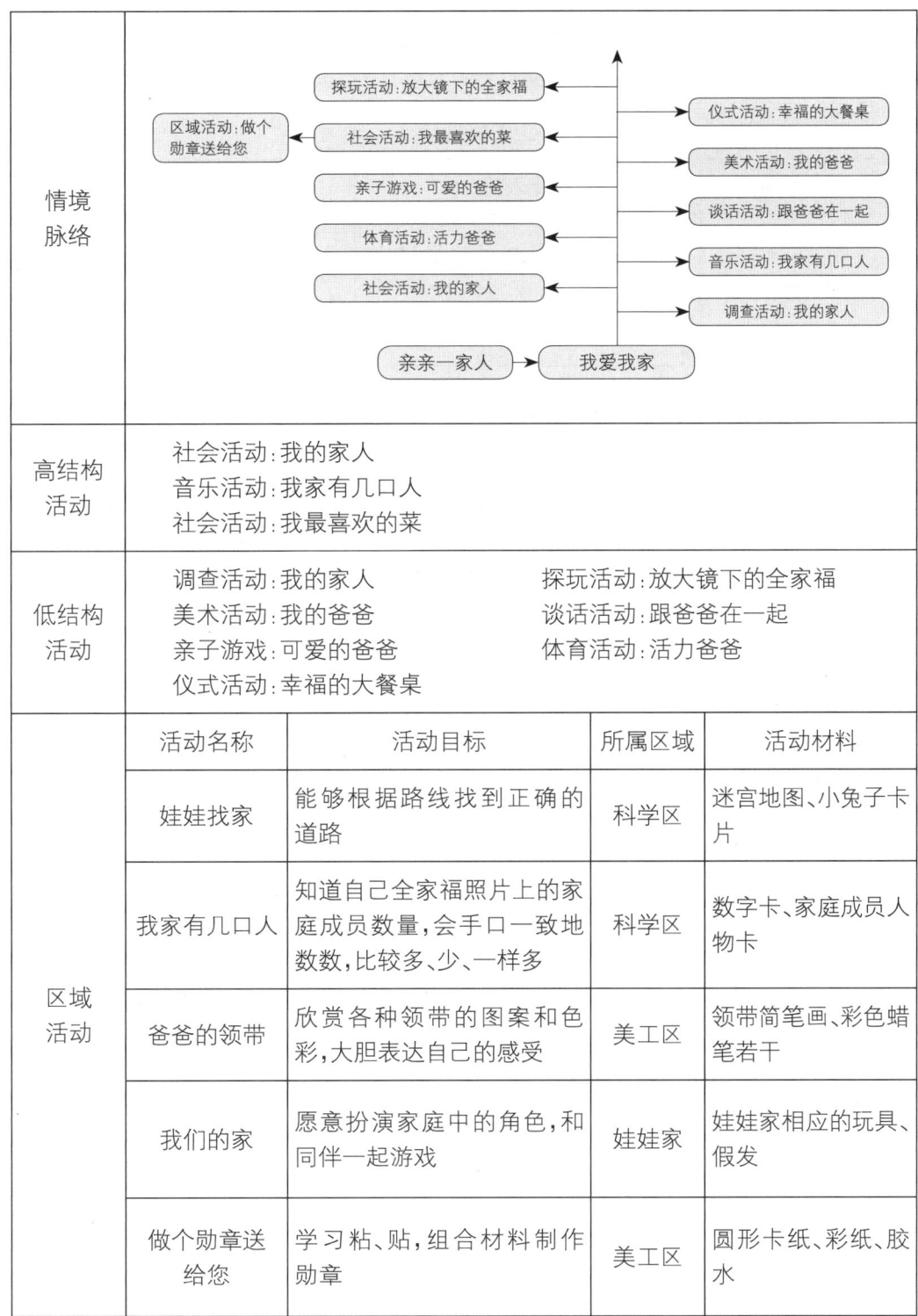			
高结构活动	社会活动:我的家人 音乐活动:我家有几口人 社会活动:我最喜欢的菜			
低结构活动	调查活动:我的家人 美术活动:我的爸爸 亲子游戏:可爱的爸爸 仪式活动:幸福的大餐桌		探玩活动:放大镜下的全家福 谈话活动:跟爸爸在一起 体育活动:活力爸爸	
区域活动	活动名称	活动目标	所属区域	活动材料
	娃娃找家	能够根据路线找到正确的道路	科学区	迷宫地图、小兔子卡片
	我家有几口人	知道自己全家福照片上的家庭成员数量,会手口一致地数数,比较多、少、一样多	科学区	数字卡、家庭成员人物卡
	爸爸的领带	欣赏各种领带的图案和色彩,大胆表达自己的感受	美工区	领带简笔画、彩色蜡笔若干
	我们的家	愿意扮演家庭中的角色,和同伴一起游戏	娃娃家	娃娃家相应的玩具、假发
	做个勋章送给您	学习粘、贴,组合材料制作勋章	美工区	圆形卡纸、彩纸、胶水

幼儿园主题活动前期审议论证用表

大主题名称:亲亲一家人
子主题名称:我爱我家

主题目标论证		
论证内容	具体表述	论证结果
认知和能力	知道自己是家庭中的一员,知道家庭成员,并了解他们的外形特征、本领以及对自己的付出	主题目标能以社会领域为核心领域,以妇女节为切入口,在家庭认知教育中注重幼儿情感的体验
过程和方法	愿意做自己力所能及的事情,表达对家人的爱,能感恩、关心、分担	主题目标需具体化,能结合《3—6岁儿童学习与发展指南》及相关的核心经验,操作性强
情感态度和价值观	感受家人的付出,感受家庭生活的温暖,爱长辈	
主题实施路径论证		
认证内容		活动数量
高结构活动		3个
低结构活动		7个
区域活动		5个
活动内容论证		
活动样态	活动名称	生活性(√) 游戏性(√)

活动样态	活动名称	生活性(√)	游戏性(√)
高结构活动	社会活动:我的家人	√	√
	音乐活动:我家有几口人	√	√
	社会活动:我最喜欢的菜	√	√
低结构活动	调查活动:我的家人	√	
	美术活动:我的爸爸	√	
	体育活动:活力爸爸		√
	亲子游戏:可爱的爸爸	√	√
	仪式活动:幸福的大餐桌	√	√
	探玩活动:放大镜下的全家福	√	√
	谈话活动:跟爸爸在一起		√

续表

论证分析
本主题指向社会领域,其他各领域相对均衡。在区域活动中均是以游戏的形式进行,涉及拼贴、装饰、配对等,加深了幼儿对家人的认知,感受一家人在一起的快乐。

幼儿园主题活动中期审议操作用表(一)

大主题名称:亲亲一家人
子主题名称:我爱我家

前期回顾	幼儿兴趣和挑战	活动前期,我们讨论了自己的家人,聚焦到了爸爸。幼儿乐于谈论自己的爸爸,能够大胆表达爸爸的特征、喜欢做的事情,感受到爸爸的爱。除了爸爸,他们还乐于讨论自己的爷爷、奶奶、外公、外婆,争先在同伴面前分享,表达愿望强烈。但幼儿对于爷爷、奶奶、外公、外婆平常在做什么、喜欢做什么的了解并不多,可以在后续的活动中涉及。
预设路径和策略评估	高结构活动	1. 社会活动:我的家人 　　此活动目标达成度较高,所有幼儿都知道自己的家庭成员,大部分幼儿愿意大胆地介绍自己的家庭成员,能够说出家庭成员的付出和努力,感受到他们对自己的爱。 2. 音乐活动:我家有几口人 　　此活动目标达成度较高,幼儿对于歌唱感兴趣,因为在前期活动中有了经验,所以能够较快地理解歌词并学唱、会唱。
	低结构活动	1. 调查活动:我的家人 　　本次活动是请幼儿在调查表里记录家人的特征、照片、本领和做的事。所有幼儿都在家长的帮助下完成了调查表,还有个别幼儿拍摄了视频,为后续活动提供了素材。 2. 谈话活动:跟爸爸在一起 　　本次活动中,幼儿谈论了自己在不同情景下,和爸爸在一起做的事情。借助照片,大部分幼儿能用简单的语言在同伴面前表达。 3. 体育活动:活力爸爸 　　本次活动主要发挥了爸爸这一群体在于体育运动上的男性魅力。在爸爸的带领、鼓励下,幼儿参与运动格外积极,很多幼儿都掌握了爬行技能。 4. 亲子游戏:可爱的爸爸 　　本次活动由家长组织。因为有爸爸们的出场,幼儿很兴奋,积极性很高,活动的整体氛围轻松。

续表

预设路径和策略评估	区域活动	1. 益智区:我家有几口人 　　投放"我家有几口人"的益智材料,通过点数对应的方式,正确摆放家人的人数。大部分幼儿都能完成点数对应,但运用的方式不同,有些幼儿按照从左到右的顺序进行摆放,有些直接从中间插入。 2. 美工区:我的爸爸 　　投放爸爸的画像,运用多种材料表现爸爸的头发、五官等,再用简单的线条、涂色等装饰画面。幼儿愿意尝试多种材料,包括麻绳、彩色碎纸、扭扭棒、棉花等,大部分幼儿知道了爸爸的五官及其位置,能够表现自己的爸爸。
	其他	无

幼儿园主题活动中期审议操作用表(二)

大主题名称:亲亲一家人

子主题名称:我爱我家

调整优化	增加内容	回顾幼儿的表现与兴趣,活动内容符合原主题预设,因此不增删内容。
	删减内容	
	重构脉络	根据原主题脉络进行。

幼儿园主题活动后期审议操作用表(一)

大主题名称:亲亲一家人

子主题名称:我爱我家

主题回顾	目标达成	1. 目标"知道自己是家庭中的一员,知道家庭成员,并了解他们的外形特征、本领以及对自己的付出"达成度高。 　　通过谈话活动"跟爸爸在一起"、社会活动"我的家人"、音乐活动"我家有几口人"、探玩活动"放大镜下的全家福",知道家里的家庭成员,并谈论家庭成员。通过仪式活动"幸福的大餐桌"体会做菜的辛苦,感受家人的付出。 2. 目标"愿意做自己力所能及的事情,表达对家人的爱"达成度高。 　　通过音乐活动"我家有几口人"、美术活动"我的爸爸"表现熟悉的家人,用自己的方式反馈给家人的爱。

续表

主题回顾	目标达成	3. 目标"感受家人的付出和家庭生活的温暖"达成度高。 　　在整个活动中,幼儿的参与度很高,在讨论中都表示自己的家人非常辛苦。根据家长反映,幼儿在家都有积极地做自己力所能及的事情。 　　通过各种活动,幼儿广开思路,用为妈妈敲背、帮奶奶拖地和叠衣服等方式做了一些自己能做的事情,并在社会活动"我的家人"中同样用自己力所能及的方式表达了对家人的爱。
	实施亮点	1. 充分利用家长资源 　　在主题进行中,邀请爸爸入园和幼儿一起游戏,让幼儿体验与爸爸一起游戏的快乐。在"我最喜欢的菜""幸福的大餐桌"中邀请家长为幼儿制作他们最喜欢的菜带来幼儿园进行评选,并在第二天邀请家长来园现场烧制美食。 2. 注重家长评价和反馈 　　在主题的最后,我们选择了几个在主题中幼儿既感兴趣,又有教育意义,且家长参与其中的活动,附上"孩子在家和你讨论最多的话题是什么"这个问题作为一个调查表发给家长。这不仅能够了解我们主题目标的达成程度,还能了解家长的参与程度和家庭对幼儿园主题活动的关注度。
	存在问题	在体育活动"活力爸爸"中,家长们提供的游戏视频大部分以个体游戏为主,而在幼儿园更适合开展集体游戏。另外教师前期没有考虑到家长是第一次以老师的身份入园游戏,不了解助教活动的流程,所以在实际的游戏中仍是以教师提供的游戏为主,教师指导的成分较多,没有体现预期的教育价值。
评价实证	幼儿主题经验检核结果分析	通过集体活动的检核,本次主题活动实施路径较为丰富,特别受家长和幼儿的喜欢。社会性领域活动及实践活动的目标达成率均为100%。其中语言领域的活动达成率相对较低,原因在于小班幼儿的语言表达能力不强,还有就是教师的设计部分有待优化,需要更多地从符合幼儿年龄特点的学习方式进行设计。
	家长反馈结果分析	睿睿说他用水瓶当宝宝,很重很重。我们很高兴孩子能够了解我们的不容易,而且现在在家经常帮妈妈做事情,愿意自己的事情自己做,还会经常说谢谢。我们很欣慰,也很高兴看到孩子的变化。

续表

评价实证	教师评价反思	本次主题活动实施路径多元,目标的达成度较高,尤其是通过前期经验调查、亲子制作美食等活动体验家人劳动的辛苦,较好地激发幼儿对家人的感谢之情。节日祝福、礼物制作等活动也为幼儿提供了多元表达的机会,家长入园参与活动,更是极大地调动了幼儿的学习兴趣,以后的活动也可以多加利用家长资源。

幼儿园主题活动后期审议操作用表(二)

大主题名称:亲亲一家人
子主题名称:我爱我家

目标调整		1. 知道自己是家庭中的一员,知道家庭成员,并了解他们的外形特征、本领以及对自己的付出 2. 愿意做自己力所能及的事情,表达对家人的爱 3. 感受家人的付出,能够感恩、关心、分担			
实施路径	高结构活动	社会活动:我的家人 音乐活动:我家有几口人 社会活动:我最喜欢的菜			
	低结构活动	调查活动:我的家人 美术活动:我的爸爸 亲子游戏:可爱的爸爸 仪式活动:幸福的大餐桌		探玩活动:放大镜下的全家福 谈话活动:跟爸爸在一起 体育活动:活力爸爸	
实施路径	区域活动	活动名称	活动目标	所属区域	活动材料
		娃娃找家	能够根据路线找到正确的路	科学区	迷宫地图、小兔子卡片
		我家有几口人	知道自己全家福上的家庭成员数量,会手口一致地数数,比较多、少、一样多	科学区	数字卡、家庭成员人物卡
		爸爸的领带	欣赏各种领带的图案和色彩,大胆表达自己的感受	美工区	领带铅笔画、彩色蜡笔若干
		我们的家	愿意扮演家庭中的角色,和同伴一起游戏	娃娃家	相关的玩具、假发
		做个勋章送给您	学习粘、贴,组合材料制做勋章	美工区	圆形卡纸、彩纸、胶水

续表

实施路径	其他	无

幼儿园主题活动后期审议操作用表（三）

大主题名称：亲亲一家人
子主题名称：我爱我家

主题网络优化	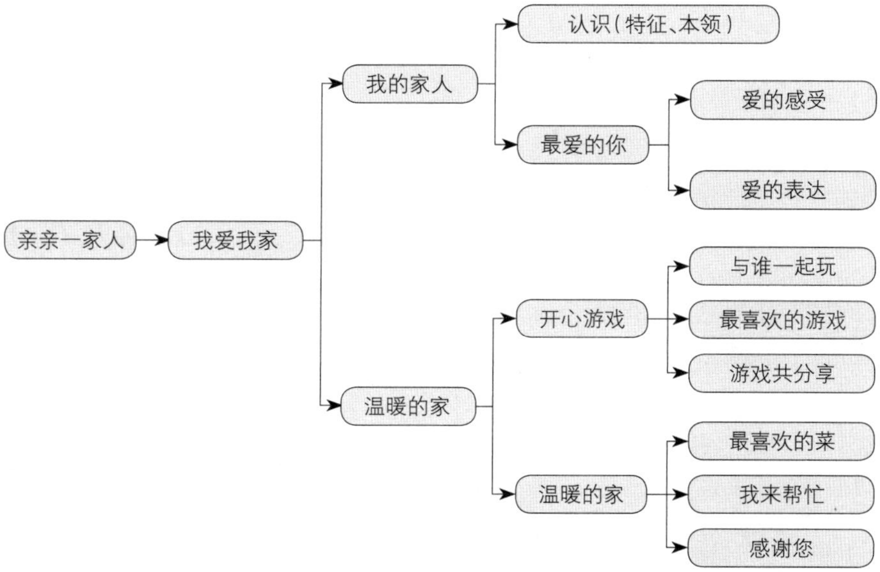 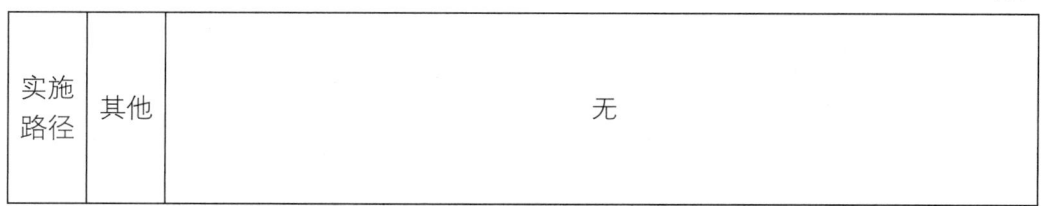
情境脉络优化	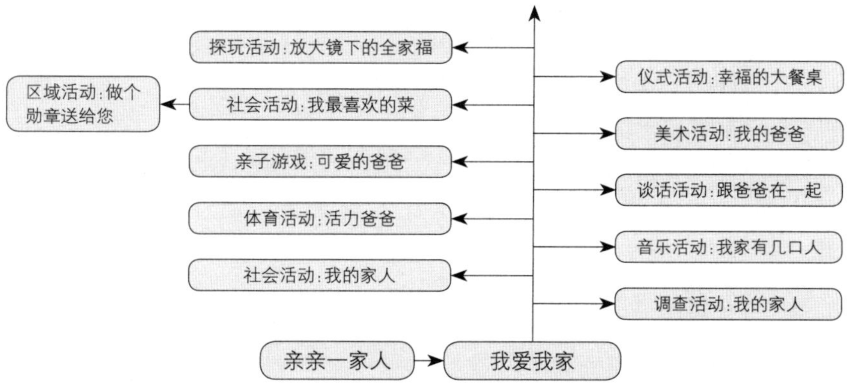

续表

主题墙参考	 

小班"亲亲一家人"主题背景下活动目标支撑度分析

活动名称	活动目标	主题目标		
		知道自己是家庭中的一员,知道家庭成员,并了解他们的外形特征、本领以及对自己的付出	愿意做自己力所能及的事情,表达对家人的爱	感受家人的付出,能够感恩、关心、分担
体育活动:活力爸爸	1. 学习手膝着地爬,尝试用手膝着地的方法向不同方向爬 2. 听懂并遵守游戏规则,感受一起游戏的快乐	★	★	★★★
探玩活动:放大镜下的全家福	1. 用识别的方法,观察辨认照片中的元素,准确地找到自己的全家福 2. 认识放大镜,体验使用放大镜寻找全家福的奇妙 3. 喜欢参加寻找全家福的活动,感受在找到自己的全家福后的喜悦	★★★	★	★★★

续表

活动名称	活动目标	主题目标		
		知道自己是家庭中的一员,知道家庭成员,并了解他们的外形特征、本领以及对自己的付出	愿意做自己力所能及的事情,表达对家人的爱	感受家人的付出,能够感恩、关心、分担
社会活动:我的家人	1. 知道自己的家庭成员,愿意大胆介绍自己的家庭成员 2. 简单说出每个家庭成员独特的一面,体会到每个家庭成员的重要性 3. 感受生活中家人对自己的爱,愿意用自己的方式表达对家人的爱	★★★	★★	★★★
音乐活动:我家有几口人	1. 倾听歌曲并学唱,用自然的声音演唱 2. 尝试看图谱演唱,并愿意配上动作进行表演 3. 在边唱边表演的活动中,体验歌唱的乐趣	★★	★★★	★★★
谈话活动:跟爸爸在一起	1. 回忆自己和爸爸一起做的有趣的事,愿意用简单的语言表达出来 2. 在集体中大胆分享,并会倾听同伴的表达 3. 愿意用自己的方式来表达对爸爸的爱	★★★	★★★	★★★

说明:集体教学目标和主题目标对接,支撑度高的为★★★,支撑度中的为★★,支撑度低的为★(支撑度为活动目标与主题目标的关联程度)。

小班"我爱我家"主题幼儿经验检核表

一级指标	二级指标	检核内容	检核标准	集体教学（区域活动）	幼儿人数与学号（按实际人数填写）
会玩亲和	运动与健行	手膝着地爬	A.能手膝着地朝着不同目标方向爬行 B.在教师的方向引导下朝着不同目标方向爬行 C.无法朝着不同目标方向爬行	体育活动：活力爸爸	A（13）：1、3、5、6、7、8、11、12、15、16、17、20、24 B（11）：2、4、9、10、13、14、18、19、21、22、23 C（0）
会玩亲和	创造与表达	归属感	A.认识家庭成员，能独立自主地介绍家庭成员及在家做些什么 B.认识家庭成员，在教师的帮助下介绍家庭成员及在家做些什么 C.不愿意参与介绍分享活动	社会活动：我的家人	A（10）：1、3、4、5、15、17、18、20、22、24 B（12）：2、6、7、8、9、10、11、12、14、16、21、23 C（2）：13、19
会玩亲和	创造与表达	主题谈话	A.参与话题，并独立地讲述和爸爸共同经历的有趣的事 B.参与话题，在老师的帮助下讲述和爸爸有趣的事 C.不愿意参与话题	谈话活动：跟爸爸在一起	A（3）：1、18、23 B（19）：2、3、4、5、6、7、10、11、12、13、14、15、16、17、19、20、21、22、24 C（2）：8、9
会玩亲和	亲善与交往	亲社会行为	A.积极主动参与备餐、就餐、评价环节 B.在老师的帮助下完成备餐环节 C.对于活动缺乏兴趣	仪式活动：幸福的大餐桌	A（14）：1、2、3 5、7、9、11、12、15、17、18、22、23、24 B（10）：4、6、8、10、13、14、16、19、20、21 C（0）
乐学善思	兴趣与体验	歌唱	A.自主演唱歌曲，并能够边唱边表演 B.借助图谱演唱歌曲，愿意边唱边表演 C.不愿意演唱歌曲	音乐活动：我家有几口人	A（14）：1、2、3 5、7、9、11、12、15、17、18、22、23、24 B（10）：4、6、8、10、13、14、16、19、20、21 C（0）
乐学善思	探究与发现	辨识	A.独立使用放大镜，根据关键元素找到全家福 B.在老师指导下，根据关键元素找到全家福 C.不能完成任务	探玩活动：放大镜下的全家福	A（12）：1、2、4、5、6、8、9、14、17、20、22、24 B（11）：3、7、10、11、12、13、15、16、18、19、21 C（1）：23

【幼儿活动】

【课程故事】

爸爸妈妈，我爱你

缘起：

新学期初，孩子们已经完成了从怯生生的新客到幼儿园小主人的转变。孩子们聊得最多的就是自己最亲近的人和事——家人、家庭。"我爸爸给我买了奥特曼。""我的妈妈也会叠衣服！""我是奶奶送来的。"

家，是每个孩子最留恋的地方，与他们生活在一起的爸爸妈妈及家庭其他主要成员是幼儿在这个世界上最为亲近、熟悉的人。家庭是孩子建立安全感和获得生活经验的地方，家庭氛围会影响他们的一生，温馨、民主、自由的家庭环境对于他们的成长起着关键作用。良好的家庭互动，使得孩子与家里的环境产生更多联结，形成对自我的认知与家庭的归属感。

主题"亲亲一家人"以"三八节"为契机。孩子们一起聊最爱的妈妈，发现妈妈的喜好，夸夸妈妈的本领，用多样的形式表达对妈妈的爱，进而把这种对家人的爱拓展到家庭中的每位成员。在多种多样的活动中，孩子们能够了解并认同每个家人的特点以及他们的重要性，同时学会用最直接的亲亲、抱抱、夸夸等方式表达自己对家人最直接的想法和感受。

故事1：和妈妈的甜甜的"秘密"

聊到妈妈的话题，孩子们便打开了话匣子，你一言我一语，叽叽喳喳。主题进行前期，孩子们带着"妈妈的秘密"调查表向妈妈做了询问调查，拿着自己完成的"妈妈的秘密"调查表，孩子们自信满满地走到伙伴面前。

妞妞："我妈妈最喜欢口红。"

西西："我的妈妈头发是黑色的。"

友友："我妈妈的头发也是黑色，很长、很直。"

小七："我妈妈头发可多可多了，有1000根。"

孩子们对妈妈的外形了如指掌。

六六："我妈妈会打扫卫生，很厉害。"

六六一说妈妈的厉害之处，孩子们谁也不服谁，各自亮出自己妈妈的技能。

叠衣服、洗衣服、烧菜……原来我们的妈妈藏了这么多的秘密，每个人都超级厉害，像超人一样用超级技能在陪伴我们、帮助我们。妈妈爱我们，我们也爱妈妈。

我们用什么方法感谢妈妈呢？嘘，这是秘密，要轻轻地说哦！

雨桐："我要抱一抱妈妈。"

博文："妈妈我爱你，我会说。"

任可："我给妈妈帮忙，拖地！"

洛妤："我要把我喜欢的糖果送给她！"

我们在甜甜蜜蜜区域里一起做过棉花糖！这可是个好主意，一听洛妤提出做棉花糖，孩子们表示自己也想要这么做。

说做就做。下午，我们就搬来棉花糖机，孩子们一人一根棒，守在棉花糖机前。"我要做一个大一点的。""很多很多才行。"孩子们一边制作，一边眼睛直愣愣地盯着棉花糖机。尝一下吧！果然，自己做的是最好吃的！

孩子们把这份"甜蜜"带回家后，妈妈们纷纷表达自己的惊喜。"我们家宝宝说这是妇女节礼物，他第一次送我自己做的东西，好感动，谢谢老师。""我们家孩子送给我了，也说了祝福，还给我大大的拥抱，然后说棉花糖要一起分享。""西西说这是秘密，还趴在我的耳朵旁边和我说，太感动了，棉花糖真甜！"

故事2：妈妈爱我，我爱妈妈

妈妈的爱从孩子们一诞生就滋养着他们，或许孩子们已经习以为常，但妈妈也曾是女孩，也是做了妈妈之后才有了超能力呀。我和孩子们一起阅读绘本《我妈妈》，共同认识、感受妈妈润物细无声的爱。

"妈妈好厉害啊。""妈妈全部都会做。"

"我也会，这些我都会！"有几个孩子气势很足，信誓旦旦地说。

那么我们来试一试吧。我们给孩子们准备了一个矿泉水瓶子，用布料包裹住假装成"宝宝"，请孩子们来抱一抱。孩子们觉得新奇，争先恐后。西西抱了一会儿："一点儿也不重。"那么我们加大难度，金宇是我们班个子最高的小朋友，请他带着"宝宝"一起去散步。没走多久，金宇就大喊："快救救我！救救我！"只见他怀里的"宝宝"慢慢往下滑，其他孩子赶忙过去接住"宝宝"。呼，虚惊一场，还好"宝宝"没受伤。饭点到了，吃饭前先给"宝宝"喂奶喝，一只手抱着"宝宝"，一只手拿奶瓶喂奶可不容易哦，看看孩子们做得怎么样。博文单手根本无法抱住，一接住"宝宝"，"宝宝"就掉到了地上。桃桃还能坚持一会儿，但不一会儿"宝宝"就滑下来了。照顾宝宝可真不简单啊，原来妈妈照顾我们这么辛苦。

爱有千千万万种表达方式，妈妈的爱是润物细无声的，而孩子们也在用自己的方式给这份爱回馈。我的妈妈喜欢裙子，我们就一起来给妈妈做一条漂亮的裙子；我们自己的事情自己做，让妈妈轻松一些；我们可以给妈妈敲敲背，捏捏腿。

妈妈爱我，我爱妈妈，爱意将我们连在一起，在感受爱的过程中，孩子们开始学会如何去爱，如何以自己的方式去表达爱。

故事3：和爸爸一起玩

在家庭里，爸爸的阳刚和力量往往会给予孩子们不一样的爱，我们也不能忽视爸爸的力量，于是我们向家长们搜集了平时爸爸和孩子在家里玩游戏的影像记录，最后剪辑成视频，有爸爸陪孩子拍球、骑车，还有孩子和爸爸玩拍拍小手的游戏。孩子们看到后不禁发出"哇哇"的惊叹声，大家都想要玩。那就让我们一起来选一选最喜欢和爸爸一起玩的游戏吧！一人一颗星，经过投票，博文爸爸的硬币游戏脱颖而出。

最期待的一天,博文爸爸带着硬币来到了班级,只见他"噌噌"几下,把椅子、凳子组合起来,一个滑滑板就做好了,一个个硬币顺着滑滑板滑下来,孩子们纷纷拍手。"来试一试接住从不同位置滑下来的硬币吧!"孩子们都踊跃参加。

和博文爸爸的愉悦时光是如此短暂,临走时,孩子们希望知道游戏的名字,于是请梓豪作为代表去问博文爸爸。当孩子们知道游戏的名字后还不断说着"爸爸再来哦"。爸爸的游戏果然受欢迎呢。

故事 4:我的家人我的家

在家里,妈妈是半边天,除了妈妈,我们还有很多的家人。孩子们带着家人的照片来幼儿园共同分享,他们围着照片叽叽喳喳。"我家里还有妹妹。""我有一个姐姐。""这是我爸爸、妈妈、爷爷、奶奶。"有些孩子和祖辈住在一起,有些是三口之家,有些则有自己的兄弟姐妹,热闹非凡。你能认出你的家人吗?那么我们来找一找自己的全家福吧。孩子们带着放大镜,在教室的角角落落搜寻,变身成小侦探去寻找自己的全家福。

故事 5:我最爱的一道菜

家人们各自忙碌一天后,大家聚在一起。满满的一桌餐,涌动着家人的爱意。油盐酱醋一点一滴都是满满的爱,那么让我们一起来感受一下家人的爱吧。

当天,孩子们从家里带了一道自己最喜欢的菜,有咖喱鸡肉、红烧虾、蔬菜沙拉、凉拌山药,有些是奶奶做的,有些是妈妈做的。打开盖子,香喷喷的味道弥散开来,引得孩子们连连大叫。"好香啊。""老师我想吃!"

等一等,先来介绍一下吧。"这是我的妈妈做的,要用铲子,还要放很多油的。""要切过的生菜、番茄,还要洗一洗的。"一圈介绍下来,孩子们早已等不及想要尝一尝,每个孩子拿上勺子和碟子共同分享。

说一说你最爱的菜吧。"我喜欢香肠!好香啊!""我最喜欢玉米粒,很甜。"孩子们将五角星贴在菜的旁边以表达自己的选择。草莓山药脱颖而出,成为孩子们最喜欢的一道菜。

这么好吃的菜,还想吃,怎么办!那就邀请大厨梓豪妈妈来做一做吧。

隔天,梓豪妈妈带来了草莓、山药,一边制作一边讲解,孩子们看得口水直流,乐熙的口水一直挂到了下巴上。制作间隙,孩子们还给梓豪妈妈献上了自己最擅长的歌曲《听我说谢谢你》。

伴随着草莓山药的完成,孩子们开始一起制作蔬菜沙拉。孩子们拉起袖子,打算大干一场,5个孩子带上番茄直奔水池,打开水龙头,一手一个番茄进行搓洗;8个孩子径直坐下,用拿勺子的那只手拿起刀,一手扶住香蕉,一刀一刀切下去,把切好的东西放到盘子里,像模像样;另外5个孩子选择剥橘子;还有7个孩子选择撕紫甘蓝。集体的力量大,倒上酸奶,我们的沙拉做好啦!孩子们排队尝试,一碗不够还要再来一碗。

总结与反思:

伴随着幸福大餐桌的落幕,我们的主题活动接近尾声,我们还给家长下发了主题经验调查表,请孩子选一选印象最深刻的活动,请家长说一说孩子在家里和你聊得最多的是什么。陌陌妈妈说:"孩子一直在说博文爸爸带来的硬币游戏,他特别喜欢,一直缠着他爸爸一起玩。"轩轩爸爸在班级聊天群里很幸福地分享:"轩轩每天吃完饭都要亲一下自己,跟自己说辛苦了,非常感动。"

整个活动,我们围绕着离孩子们最近、最亲的家人,牵引并拨动着孩子们对于家人们的情感线,将家人卷入到我们的课程当中,了解关于家人更多的秘密,感受家人的付出。家人的爱是游戏时间,是好听的故事,是一道道美味的菜肴,是爸爸来幼儿园陪我们做游戏,是奶奶来给我们烧一道美味的菜肴。将家庭生活里的点滴在课程中重现,将爱提取、放大,给予孩子对于爱最纯粹的体验和感受。

而孩子们在有感而发下,用自己的方式回馈着他们收到的厚厚的爱,给妈妈的礼物、和爸爸一起游戏、给家人的勋章,还有幸福的一餐,无不让爱意在最亲近的人之间流转。

我们欣慰在活动中看到了家长、孩子都用自己的行动在感受爱、表达爱,爱在双向流动。孩子们拥有了一双发现爱的眼睛,而家长更深刻理解了什么是爱。

二、小班主题活动"小兔乖乖"

宁波市海曙区气象路幼儿园　竺园

幼儿园主题活动前期审议调研用表

大主题名称：亲亲小动物

子主题名称：小兔乖乖

主题来源分析	幼儿兴趣和需要	喜欢小动物是孩子的天性，特别是可爱的小兔。平时幼儿经常会在幼儿园的养殖区里看见蹦蹦跳跳的小兔，有些班级也会将小兔放在笼子里让幼儿观察、照看。有些幼儿能大胆地和小兔接触，愿意触摸并和小兔互动，也有些幼儿会有些害怕。
	课程资源	实体资源：幼儿园饲养的小兔，以及小兔爱吃的青菜、胡萝卜等蔬菜 网络资源：歌曲《小兔乖乖》，绘本《没有耳朵的兔子》《小兔子的梦》，视频《兔子的耳朵为什么这么长》
	主题价值	处于泛灵期的小班幼儿与动物有着天然之缘，对动物世界充满好奇与兴趣。他们往往把小动物当成和自己一样有想法、会说话的亲密朋友。小兔比较温和，不具有攻击性，适合幼儿近距离接触，并作为幼儿认知体验和探究的对象，有利于幼儿仔细观察并发现其明显特征。并且通过开展多样化的探究活动，可满足幼儿对动物的好奇和探究欲望。从而积累关于小动物的认知经验，发展观察能力，萌发亲近并照顾动物的情感。
原主题目标		1. 愿意用多种感官感知小动物，了解小动物的外形特征和生活习性 2. 愿意用语言、音乐、美术等多种形式表达自己的认知和感受 3. 萌发亲近小动物、爱护小动物的感情

续表

调整目标	1. 尝试用多种感官感知小兔,了解小兔的外形特征和生活习性 2. 喜欢用自己的方式表达对小动物的认识和感受,乐意模仿小动物的声音、动作、姿态,并进行角色游戏 3. 体验饲养的乐趣,萌发喜欢亲近和爱护小动物的情感
调整理由和依据	目标1　需明确动物种类,小兔是幼儿要重点了解的。 目标2　调整依据为《3—6岁儿童学习与发展指南》艺术领域的表现与创造层面的目标:幼儿经常涂涂画画、粘粘贴贴并乐在其中;能用声音、动作、姿态模拟自然界的生物和生活情境。 目标3　调整依据为在观察的过程中,幼儿会实际饲养照顾小兔。因此目标里增加有关体验饲养的乐趣。

附:1. 幼儿经验调查表

我的朋友 —— 小兔

关于小兔我知道	你认识我吗	我喜欢吃什么
你最喜欢小兔什么		
还想知道的秘密		

2. 统计分析表

幼儿经验调整结果分析

项目	内容	分析
幼儿原有的相关经验	1. 知道小兔有长耳朵 2. 小兔喜欢吃青菜和萝卜 3. 幼儿园的小兔是白白的	大部分幼儿对于小兔明显的外形,尤其是长耳朵比较了解
幼儿未知的相关经验	1. 小兔的尾巴是短短的 2. 小兔的嘴巴是三瓣嘴 3. 小兔的颜色有很多,有灰色、黑色、棕色等	幼儿与动物亲近机会少,认知大多从儿歌、童话中获得,所以对于一些细微的特征不太了解
幼儿面临的挑战	幼儿饲养小动物的经验不足,饲养动物的坚持性不够。部分幼儿对于小兔有害怕心理。	

幼儿园主题活动前期审议预设用表

大主题名称:亲亲小动物
子主题名称:小兔乖乖

<table>
<tr><td rowspan="2">主题网络</td><td>
生活习性 ← ┐
形态特点 ← 小兔乖乖 → 我和小兔玩
我来照顾你 ←
</td></tr>
<tr><td></td></tr>
<tr><td>情境脉络</td><td>
语言活动:小兔乖乖
社会活动:小兔你好　　　体育活动:小兔找山洞
科学活动:亲亲小兔　　　音乐活动:小兔和狼　　　创作活动:小兔吃草
参观活动:可爱的小兔　　数学活动:小兔找家　　　体育活动:机灵的小兔
调查活动:我知道的小兔　制作活动:小兔的长耳朵　饲养活动:照顾小兔
亲亲小动物 → 认识小兔 → 亲亲小兔 → 我爱小兔
</td></tr>
<tr><td rowspan="4">实施路径</td><td>
高结构活动
社会活动:小兔你好　　　　体育活动:小兔找山洞
科学活动:亲亲小兔　　　　音乐活动:小兔和狼
语言活动:小兔乖乖　　　　体育活动:机灵的小兔
数学活动:小兔找家
</td></tr>
<tr><td>
低结构活动
参观活动:可爱的小兔　　　饲养活动:照顾小兔
调查活动:我知道的小兔　　创作活动:小兔吃草
制作活动:小兔的长耳朵
</td></tr>
<tr><td>
区域活动

活动名称	活动目标	所属区域	活动材料
小兔朵拉的手套	能根据材料进行配对	益智区	手套、材料
小兔的新房子	能用围的方法搭建小兔子的家	建构区	单元积木、纸箱、奶粉罐

</td></tr>
</table>

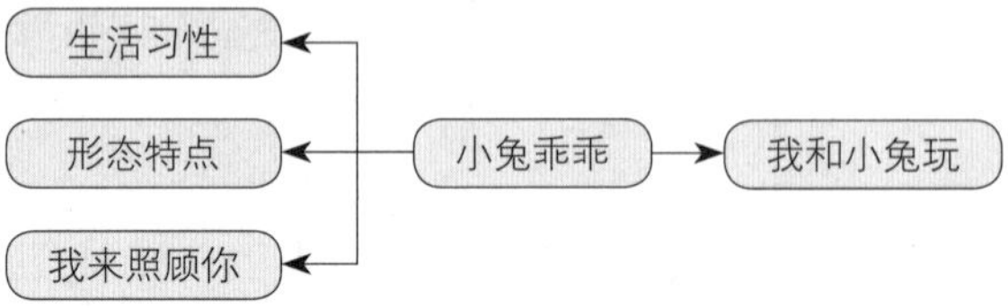

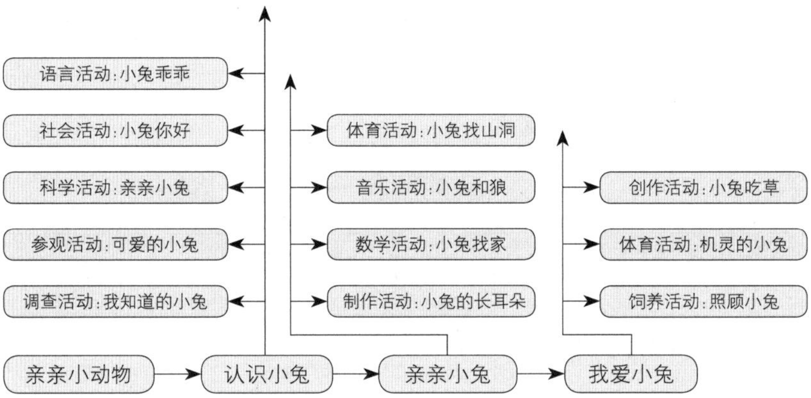

续表

		活动名称	活动目标	所属区域	活动材料
实施路径	区域活动	小兔来做客	愿意扮演小兔的角色,喜欢和小伙伴一起游戏	角色区	食物模型、烹饪步骤、招待客人礼仪图片、小兔头饰
		可爱的小兔	选择自己喜欢的角色,跟着音乐大胆进行表演	表演区	角色头饰、音乐
		小兔吃草	能选择不同的材料画、撕、剪、贴小兔的衣服,并用蜡笔画小草	美工区	小兔外形作品纸、彩色纸、毛球、油画棒

幼儿园主题活动前期审议论证用表

大主题名称:亲亲小动物

子主题名称:小兔乖乖

主题目标论证		
论证内容	具体表述	论证结果
认知和能力	尝试用多种感官感知小兔,了解小兔的外形特征和生活习性	该领域的目标制定既能考虑到科学领域的核心经验,也能兼顾艺术领域的要求,能引导幼儿用喜欢的方式表现和表达。同时也兼顾到幼儿情感的培养,目标指向全面,符合小班幼儿的认知特点,表述具体,可操作性强。
过程和方法	喜欢用自己的方式表达对小动物的认识和感受,乐意模仿小动物的声音、动作、姿态并进行角色游戏	
情感态度和价值观	体验饲养的乐趣,萌发喜欢亲近和爱护小动物的情感	
主题实施路径论证		
认证内容		活动数量
高结构活动		7个
低结构活动		5个
区域活动		5个

续表

活动内容论证			
活动样态	活动名称	生活性(√)	游戏性(√)
高结构活动	社会活动:小兔你好	√	√
	科学活动:亲亲小兔	√	
	语言活动:小兔乖乖	√	√
	数学活动:小兔找家		√
	体育活动:小兔找山洞		
	音乐活动:小兔和狼		√
	体育活动:机灵的小兔		√
低结构活动	参观活动:可爱的小兔	√	
	调查活动:我知道的小兔	√	
	制作活动:小兔的长耳朵	√	√
	饲养活动:照顾小兔	√	
	创作活动:小兔吃草	√	√
论证分析			
本主题主要指向科学、社会领域,集体教学活动能够使各领域相对均衡。在日常活动中,需注重幼儿与小动物之间在关爱、饲养方面的亲身经历的活动,增加幼儿对于小动物的认知。			

幼儿园主题活动中期审议操作用表(一)

大主题名称:亲亲小动物

子主题名称:小兔乖乖

前期回顾	幼儿兴趣和挑战	幼儿对小兔的兴趣非常浓厚,一有时间就会围观、抚摸小兔。经过一周的观察活动,幼儿对小兔的外形特征和饮食有了一定的了解,并产生了新的问题:小兔的粪便如何处理和如何照顾小兔。但对于调查表中提出的问题,幼儿寻找答案存在困难。

续表

预设路径和策略评估	高结构活动	1. 社会活动：小兔你好 　　幼儿初次与小兔见面，用自己的方式观察小兔，与小兔打招呼，建立与小兔的关系，并为小兔取名字，给小兔安家。 2. 科学活动：亲亲小兔 　　幼儿通过小兔的外部特征、生活习性，对小兔有了整体的认识和了解。幼儿对小兔产生更加深厚的情感。在日常生活中，幼儿也非常愿意、喜欢饲养小兔。
	低结构活动	1. 参观活动：观察小兔 　　幼儿在家长的陪同下去往花鸟市场，观察各种各样的小兔。从幼儿的反馈可以看出，他们对小兔充满兴趣，有的幼儿还分享了自己摸小兔的感觉、对小兔的喜爱等。 2. 调查活动：我知道的小兔 　　幼儿通过调查表，表达自己所知道的小兔。幼儿都认识小兔，知道小兔的明显特征——长耳朵。还有的幼儿知道小兔有不一样的颜色、喜欢吃胡萝卜等。 3. 制作活动：小兔的长耳朵 　　幼儿对泥工活动非常感兴趣。大部分幼儿在活动的过程中专注力较强，能够做到搓一搓、压一压，但是还有个别幼儿由于手指精细度发展不够，导致制作的小兔耳朵形状扁平。
预设路径和策略评估	区域活动	益智区：小兔朵拉的手套 　　对于幼儿来说，小兔的手套是非常吸引人的。前期幼儿对于新增的材料充满好奇，后期有些幼儿因为不会玩或者玩厌了而对材料失去了兴趣。我们可以对材料进行改造，用材料的层次性去满足不同幼儿的需要。 美工区：小兔吃草 　　幼儿对于撕贴纸张和蜡笔绘画非常感兴趣，喜欢进行自主创作，但小班幼儿使用蜡笔的技能不是很熟练，前期需要教师引导幼儿用正确的握法使用蜡笔。
	其他	无
调整和优化	分析资源	1. 幼儿园内的动物之家就有饲养小兔，幼儿时常能接触、观察小兔 2. 外出去花鸟市场时，幼儿能看到各种颜色、大小的小兔，对小兔子的种类有一定的经验 3. 班级共同饲养了一只小兔，能够更加近距离地对小兔进行观察探究，并能照顾小兔的日常生活，例如给小兔子喂青菜、和小兔子玩游戏等

续表

调整和优化	增加内容	1. 实验活动:小兔吃什么 　　在饲养小兔的过程中,幼儿会带各种各样的食物,但小兔有时候不喜欢吃。幼儿对小兔喜欢的食物产生了好奇。因此,增设此活动,让幼儿通过实验了解小兔喜欢的食物。 2. 科学活动:各种各样的小兔 　　幼儿园内的小兔品种单一,不便于幼儿了解生物的多样性。因此,教师进行了集体活动,带领幼儿通过媒体了解小兔的种类。 3. 饲养活动:小兔的便便 　　如何处理小兔的便便是幼儿饲养活动重要的一环。为了让幼儿不怕脏、不怕累,愿意为小兔处理便便,便专门进行了一次活动,引导幼儿学习处理小兔的粪便。 4. 语言活动:小兔的梦 　　幼儿对于小兔的喜欢不仅是因为小兔可爱的外形,还因为很多关于小兔的故事。教师希望通过文学作品,帮助幼儿进一步了解小兔,增加幼儿对小兔的喜爱。 5. 社会活动:我和小兔的约定 　　经过一段时间,幼儿对于小兔的饮食有了一定的了解,知道么样能更好地照顾它。为了让更多幼儿参与,便设计了此活动,通过教师和幼儿的商讨,制定一些照顾小兔的公约,从而更好地照顾小兔。
调整和优化	重构脉络	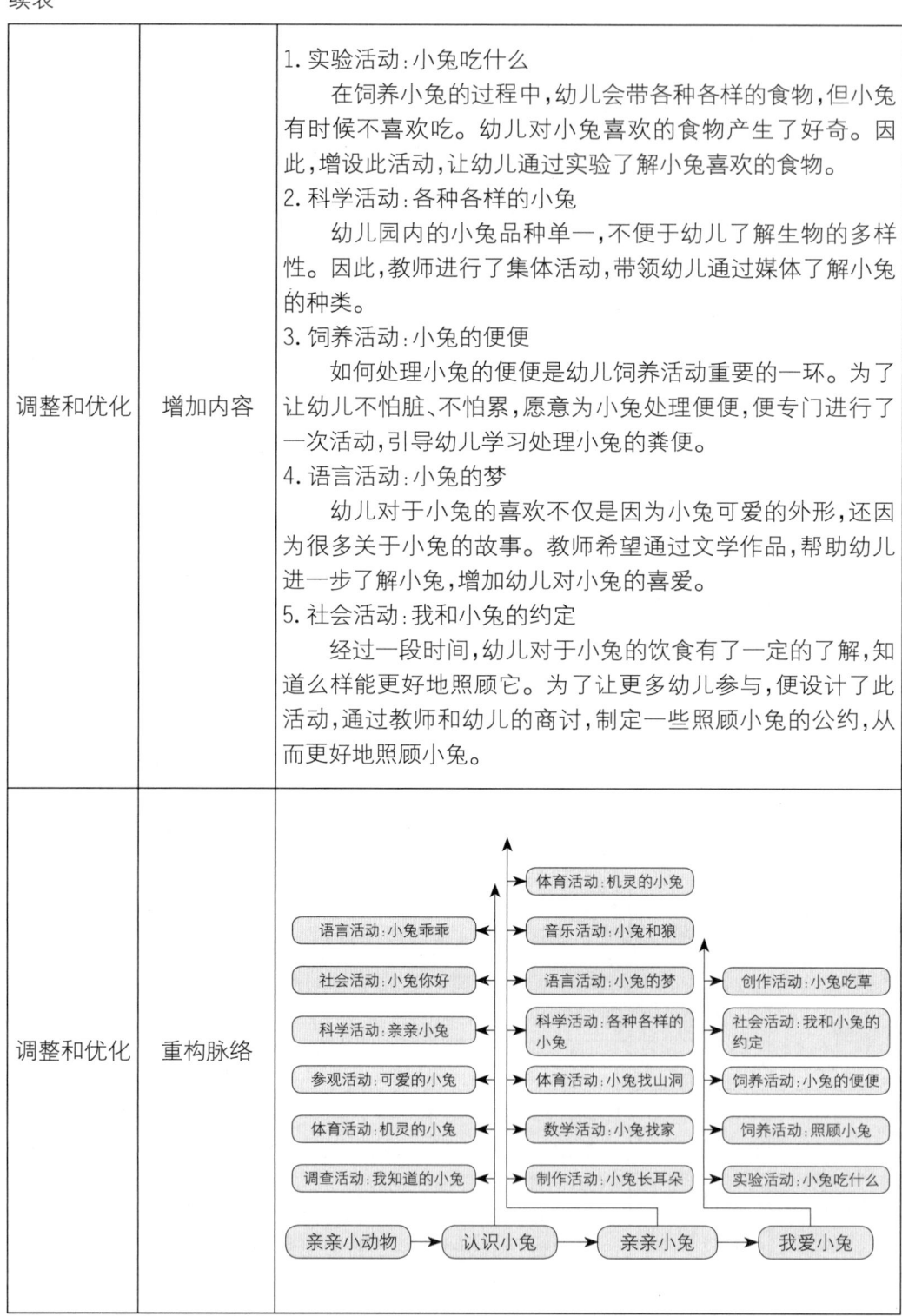

幼儿园主题活动后期审议操作用表（一）

大主题名称：亲亲小动物

子主题名称：小兔乖乖

主题回顾	目标达成	1. 目标"尝试用多种感官感知小兔，了解小兔的外形特征和生活习性"达成度高。 为帮助幼儿更好地观察，我们在班级的自然角饲养了小兔。整个主题行进过程中，幼儿可以自由地进行观察，借助科学活动"亲亲小兔"，让幼儿尝试用看、摸、闻的方式多感官地学习，了解小兔的外形特征；在体育游戏"小兔找山洞"中了解小兔的居住习性，并且延伸了关于小兔的主题内容，请幼儿猜一猜小兔吃什么，并通过实操进行验证。 2. 目标"喜欢用自己的方式表达对小动物的认识和感受，乐意模仿小动物的声音、动作、姿态并进行角色游戏"基本达成。 我们组织了"小兔拔萝卜""小兔盖新房"等游戏活动，幼儿兴趣高涨。除了游戏外，幼儿还喜欢在区域自发地进行个别化学习。让幼儿根据故事《小兔乖乖》进行角色扮演、对话游戏，个别幼儿愿意进行尝试，但是表达和表现的达成度不高。 3. 目标"体验饲养的乐趣，萌发喜欢亲近和爱护小动物的情感"基本达成。 我们饲养了小兔，并且日常带着小兔一起去散步，在认识小兔的过程中了解了它爱吃什么、住在哪和怎么更好地照顾它。幼儿都非常愿意照顾小兔，但只有个别幼儿能坚持照顾，大部分幼儿只在教师提起照顾的时候才会想起来并且去照顾，这应该与小班幼儿的年龄特点有关。
	实施亮点	注重幼儿与动物的密切互动。考虑到小班幼儿的年龄特点，在直觉行动思维引导下，接触真实的小动物，有助于幼儿形成对动物的直观认知。并且我们在户外活动、散步的时候，都邀请小兔和我们一起，在与小兔的亲密互动中，幼儿萌发了愿意亲近小动物的情感。 活动中教师发现，幼儿对于小兔依旧非常感兴趣，特别是针对如何照顾小兔。于是教师追随幼儿的兴趣，生成了新的教学活动，以满足幼儿的学习兴趣和需要。
	存在问题	在活动开展的过程中，我们发现比较大的问题是兔子不好养。小兔的死去是一个很好的生命教育的契机，但是由于兔子死后较容易导致病菌生发，所以没有为小兔子举行葬礼，可以说错失了一次教育机会。

续表

评价实证	幼儿主题经验检核结果分析	从经验检核表中可见,这个主题大多数活动目标达成率都是很高的。科学活动"亲亲小兔"未达成率较高,分析原因后,发现小班幼儿用语言表达自己的发现是比较困难的,教师可在后续的活动中让幼儿通过找一找、圈一圈、画一画的形式来表达自己的发现,更为符合其年龄特点。在子主题中,幼儿的艺术创造和分享交流没有相应的检核活动,在下一个子主题中,教师需要在这几个欠缺的方面做相应的活动补充。
	家长反馈结果分析	在活动的后期,幼儿依然对小动物有着浓厚的兴趣,经常会去看小动物,有些家庭还因为幼儿对于动物的兴趣和喜爱而饲养了小动物,比如小猫。通过一系列的活动,幼儿的同理心、爱心增强了许多。
	教师评价反思	幼儿和动物之间似乎有着天然的联系,千变万化的动物世界总是能够引起幼儿的注意。幼儿总是充满了对不同种类的动物的好奇心与探索兴趣。许多小动物如小猫、小金鱼、小乌龟、小兔等都是幼儿熟悉的朋友。幼儿虽然认识这些小动物,但是对小动物的生活习性并不十分了解,因此通过主题活动,幼儿能够对小动物的基本特征和生活习性有进一步的了解,探究欲望被激发,并能萌发喜欢小动物的情感。 本次的主题活动开展下来,令教师感触很深。小班幼儿的认知水平是很有限的,需充分调动多种感官和形式来帮助探究学习,并鼓励他们表现和表达自己的发现和感受。同时我们也发现,小班幼儿有照顾小动物的愿望,但是缺乏长期照顾小动物的兴趣和能力,而需要教师经常提醒。

幼儿园主题活动后期审议操作用表(二)

大主题名称:亲亲小动物

子主题名称:小兔乖乖

目标调整	1. 学习用多种感官观察小兔,了解小兔的外形特征和生活习性 2. 尝试用自己喜欢的方式表达对小兔的认识和感受,乐意扮演小兔进行角色游戏 3. 乐意亲近和爱护小兔并体验饲养的乐趣

续表

实施路径	高结构活动	社会活动:小兔你好 科学活动:亲亲小兔 语言活动:小兔乖乖 数学活动:小兔找家 科学活动:各种各样的小兔		体育活动:小兔找山洞 语言活动:小兔的梦 音乐活动:小兔和狼 体育活动:机灵的小兔 社会活动:我和小兔的约定	
	低结构活动	参观活动:可爱的小兔 调查活动:我知道的小兔 制作活动:小兔的长耳朵 实验活动:小兔吃什么		饲养活动:照顾小兔 饲养活动:小兔的便便 创作活动:小兔吃草	

实施路径	区域活动	活动名称	活动目标	所属区域	活动材料
		小兔拔萝卜	根据小兔和喜欢的食物玩迷宫游戏	益智区	小兔迷宫路线图
		小兔朵拉的手套	能根据材料进行配对	益智区	手套、材料
		小兔的新房子	能用围的方法搭建小兔子的家	建构区	单元积木、纸箱、奶粉罐
		可爱的小兔	学习用搓圆、压扁的方式制作兔子耳朵	美工区	超轻黏土、兔子半成品
		小兔吃草	能选择不同的材料画、撕、剪、贴小兔的衣服,并用蜡笔画小草	美工区	小兔外形作品纸、彩色纸、毛球、油画棒
		小兔来做客	能够在招待兔子的过程中用礼貌用语	角色区	食物模型、烹饪步骤、招待客人礼仪图片、小兔头饰
		可爱的小兔	选择自己喜欢的角色,跟着音乐大胆进行表演	表演区	角色头饰、音乐
	其他	家长资源:家长和幼儿在家饲养小兔			

幼儿园主题活动审议后期操作用表（三）

大主题名称：亲亲小动物

子主题名称：小兔乖乖

主题网络优化	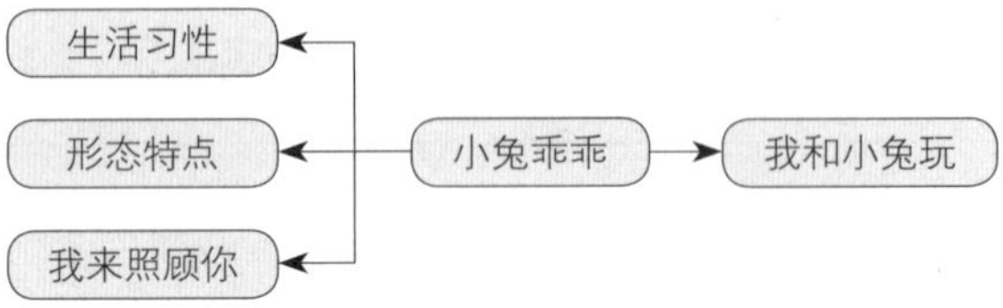 生活习性 → 小兔乖乖 → 我和小兔玩 形态特点 ↗ 我来照顾你 ↗
情境脉络优化	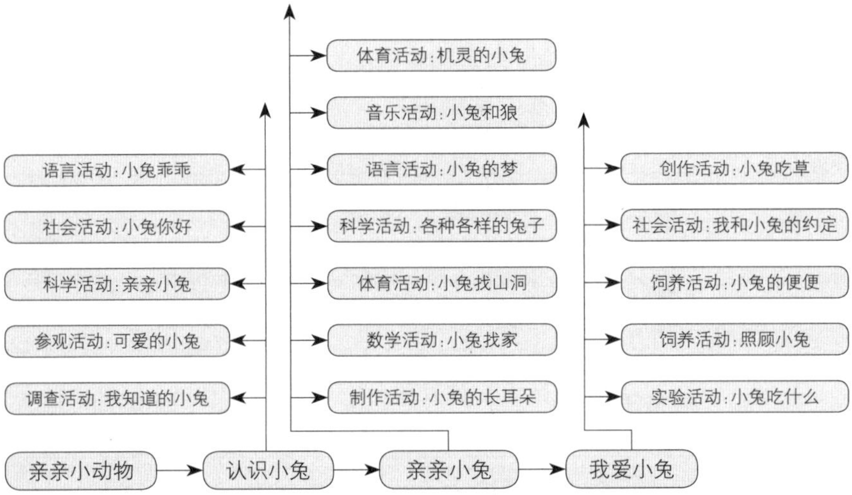 体育活动：机灵的小兔 音乐活动：小兔和狼 语言活动：小兔乖乖　　语言活动：小兔的梦　　创作活动：小兔吃草 社会活动：小兔你好　　科学活动：各种各样的兔子　社会活动：我和小兔的约定 科学活动：亲亲小兔　　体育活动：小兔找山洞　　饲养活动：小兔的便便 参观活动：可爱的小兔　数学活动：小兔找家　　　饲养活动：照顾小兔 调查活动：我知道的小兔　制作活动：小兔的长耳朵　实验活动：小兔吃什么 亲亲小动物 → 认识小兔 → 亲亲小兔 → 我爱小兔
主题墙参考	

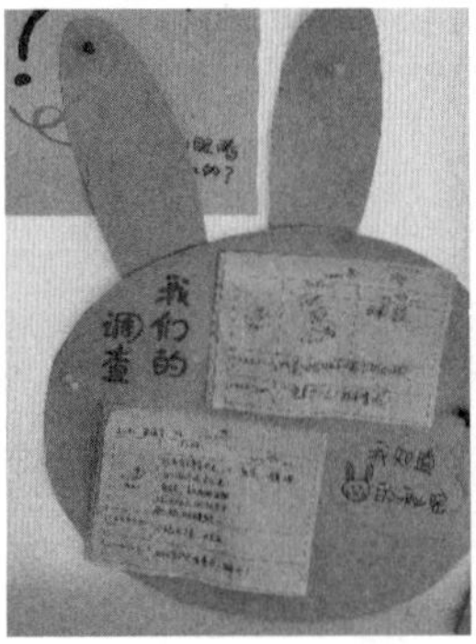

续表

主题墙参考	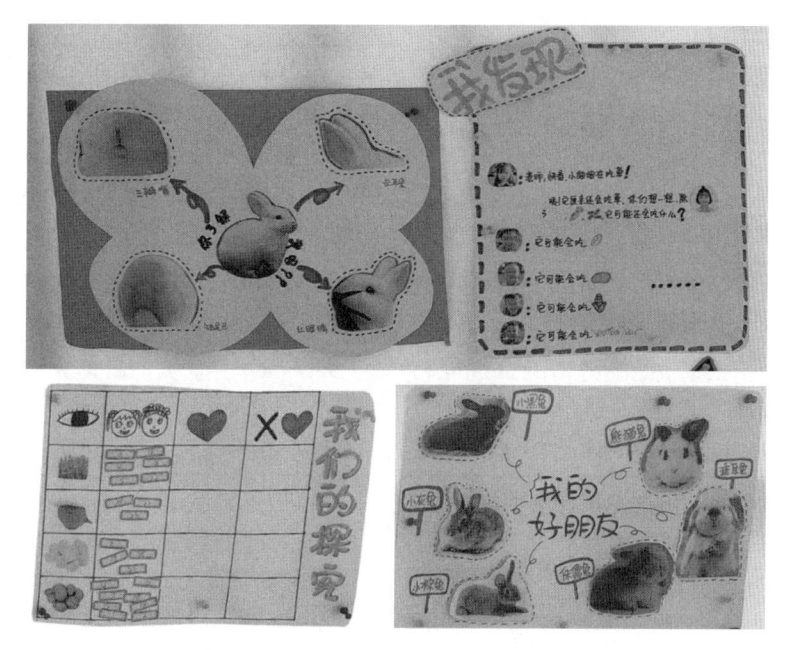

小班"小兔乖乖"主题背景下集体教学目标支撑度分析

活动名称	活动目标	主题目标		
		学习用多种感官观察小兔，了解小兔的外形特征和生活习性	尝试用自己喜欢的方式表达对小兔的认识和感受，乐意扮演小兔进行角色游戏	乐意亲近和爱护小兔并体验饲养的乐趣
科学活动：小兔的便便	1. 初步了解小兔粪便的是圆的、坚硬的墨绿小颗粒，是没有味道的 2. 通过看、摸、闻等多感官探究小兔的粪便 3. 喜欢参与探究小兔的粪便	★★★	★	★★
社会活动：小兔你好	1. 初步认识小兔，知道小兔要来班级常住 2. 愿意了解并照顾小兔，对小兔产生好奇	★★★	★	★★★

续表

活动名称	活动目标	主题目标		
		学习用多种感官观察小兔,了解小兔的外形特征和生活习性	尝试用自己喜欢的方式表达对小兔的认识和感受,乐意扮演小兔进行角色游戏	乐意亲近和爱护小兔并体验饲养的乐趣
体育游戏:小兔找山洞	1. 在游戏中,练习双脚并拢向前行进跳 2. 提高身体的协调能力,体验乐趣 3. 锻炼团结协作的能力	★★★	★★★	★
泥工活动:小兔的长耳朵	1. 学习将橡皮泥搓成长条并压扁,制作小兔的长耳朵 2. 乐意参与小兔耳朵制作的活动,并愿意用不同材料装饰小兔	★★★	★★	★
语言活动:小兔乖乖	1. 倾听故事并理解内容,愿意说出故事中的主要角色 2. 学说故事中兔妈妈出门、开门时与兔宝宝间的对话 3. 愿意表达自己的情感,知道陌生人敲门不能随便开门	★	★★★	★★

说明:集体教学目标和主题目标对接,支撑度高的为★★★,支撑度中的为★★,支撑度低的为★(支撑度为活动目标与主题目标的关联程度)。

小班"小兔乖乖"主题幼儿经验检核表

一级指标	二级指标	检核内容	检核标准	集体教学（区域活动）	幼儿人数与学号（按实际人数填写）
会玩亲和	运动与健行	动作协调	A. 能手脚并用,协调平稳地钻过山洞 B. 在老师的帮助下手脚并用,协调平稳地钻过山洞 C. 在老师的帮助下不能手脚并用,协调平稳地钻过山洞	体育游戏:小兔找山洞	A（12人）：1、4、5、8、9、10、13、16、17、20、23、24 B（10人）：3、6、7、11、12、15、18、19、22、25 C（3人）：2、14、21

续表

一级指标	二级指标	检核内容	检核标准	集体教学（区域活动）	幼儿人数与学号（按实际人数填写）
会玩亲和	创造与表达	艺术创造	A. 能够将橡皮泥搓成长条并轻轻压扁，自主制作小兔的耳朵 B. 能够在老师的帮助下将橡皮泥搓成长条并压扁，制作小兔的耳朵 C. 不愿意参与制作小兔耳朵的活动	泥工活动：小兔的长耳朵	A（11人）：1、4、5、7、8、10、11、14、16、17、23 B（12人）：2、3、6、9、12、13、15、18、19、20、21、22 C（2人）：24、25
	亲善与交往	分享交流	A. 愿意主动照顾小兔子，给小兔子喂食、换水、清理小窝 B. 在老师的引导下照顾小兔子，给小兔子喂食、换水、清理小窝 C. 不愿意照顾小兔子	社会活动：照顾小兔	A（15人）：5、6、7、8、9、12、13、14、15、16、17、20、22、23、24 B（10人）：1、2、3、4、10、11、18、19、21、25 C（0人）
乐学善思	兴趣与体验	学习兴趣	A. 对小兔子的到来产生好奇，愿意了解并照顾小兔子 B. 在老师的引导下对小兔子产生好奇，愿意了解小兔子 C. 对小兔子没兴趣，不愿意了解小兔子	社会活动：小兔你好	A（17人）：1、5、6、7、8、9、12、13、14、15、16、17、18、20、22、23、24 B（8人）：2、3、4、10、11、19、21、25 C（0人）
	探究与发现	探究发现	A. 对小兔子的粪便产生好奇，知道兔子的粪便的形状、味道和作用 B. 在老师的引导下对兔子的粪便产生好奇，知道粪便的形状 C. 对小兔子没兴趣，不愿意了解小兔子	科学活动：小兔的便便	A（20人）：1、2、3、4、6、7、9、10、11、12、13、15、16、17、19、20、22、23、24、25 B（5人）：5、8、14、18、21 C（0人）

【幼儿活动】

和你一起玩

我来喂你

清理小兔子的便便

【课程故事】

你好呀！小细细

缘起：

说到小细细，相信老师们都看到过我们班又胖又活络的小白兔，连保安爷爷也会时不时来关照它，它现在的人气可是很高哦！

11月，我们开展了省编教材中的预设主题"亲亲小动物"，孩子们谈论了可爱的乌龟和有漂亮尾巴的金鱼。突然有一天，桐桐带来了一只可爱的小兔。顿时，班级里热闹了起来，这个新成员的到来受到了孩子们的热烈欢迎。

小语说："小兔子你好呀！"

森森说："它是小白兔。"

雷雷说："小白兔喜欢吃胡萝卜。"

彩虹说："小白兔的耳朵长长的。"

萌萌说："小白兔好可爱！"

说到兔子，幼儿和小动物之间有着天然之缘，小班幼儿的思维有泛灵论的特点，他们会认为小动物就是与自己一样，是有想法的、会表达的，是能和他们共处、游戏、玩耍的朋友，是会一直陪伴他们的伙伴。

《3—6岁儿童学习与发展指南》在科学领域中提出了"亲近自然，喜欢探究"的教育目标，并建议成人要和幼儿一起通过户外活动、参观考察、种植和饲养活动，感知生物的多样性和独特性,以及生长发育、繁殖和死亡的过程。虞永平教授也曾提出:"让幼儿亲近自然,关注动植物,感受生命的成长,从而珍惜生命,爱护生命。"

基于这些价值,我们就想利用此类资源,引导幼儿与兔子做朋友,开始一场与兔子的浪漫之旅。

故事 1:我要认识你

根据以往的主题推进方式,我们都会进行前期经验的调查。考虑到小班幼儿是刚入园的,所以这次我们尝试了亲子谈话的方式,目的是了解孩子们对于兔子有哪些已有经验,还想知道关于兔子的什么话题。基于这样的思考,我们从周末的亲子谈话中,收到了孩子们反馈的信息。

小兔子的叫声是什么样子的?小兔子的家在哪里?它吃什么食物?小兔子的眼睛为什么是红红的?小兔子的腿为什么这么强壮?小兔子有几颗牙?小兔子真的有三瓣嘴吗?

我们将孩子们的问题进行梳理,主要通过"可爱的兔子""各种各样的兔子""兔子的便便""照顾小兔子""亲亲小兔子"这几个方面开展我们的"小兔子探究之旅"。

故事 2:给你好听的名字

在区域活动中,哼哼一边拿着自己的玩具,一边走到小兔子的笼子前,重复地说道:"小白兔,小白兔,小白兔。"哼哼的行为吸引了雷雷的目光,雷雷走到兔笼前对哼哼说:"它是小兔子。"哼哼说:"它是小白兔。"他们的争论声音越来越大,马上吸引了其他在玩区域游戏的小朋友,老师也走到他们面前问:"发生什么事情了?"哼哼马上说道:"雷雷说它是小兔子,但是它是小白兔。"老师说道:"它是小兔子也是小白兔,只是你们叫的名字不一样。"

经过这次争论,孩子们决定给班级的小兔子取名字。

小语说:"它叫小兔兔。"

嘟嘟说:"我想叫它小白白,因为它的身体是白白的。"

彩虹说:"我想叫它小细细,它的毛是细细长长的。"

萌萌说:"我想叫它小彩,希望它像彩虹一样亮晶晶。"

哼哼说:"它的眼睛是红红的,叫小红。"

依琳说:"它全身白白的,长长的耳朵,叫小白。"

我们经过民主投票,"小细细"这个名字高票通过,孩子们开心得不得了。

故事3:送你美味的食物

兔子爱吃胡萝卜和青菜是孩子们已有的经验,但是在适当的机会来临时,需要支持他们这样的想法并且给予他们实际探索的机会和方法。

午后,小细细和孩子们一起在山坡上玩耍,小细细低头快速地吃着三叶草,森森突然担心地叫起来:"老师,小细细在吃野草。小兔子不能吃野草,这样它会生病的。"

渊渊说:"不能乱吃东西,乱吃东西会拉肚子的。"

惟惟说:"小细细喜欢吃野草。"

小语说:"小细细喜欢吃胡萝卜,不能吃野草。"

到底小细细喜欢吃什么食物呢?带着疑问回到教室后,老师问小朋友:"你觉得小细细除了胡萝卜、青菜,它还喜欢吃什么呢?"

嘟嘟说:"有可能小细细喜欢吃花菜,因为我也喜欢吃。"

辰辰说:"我觉得它喜欢吃土豆,土豆有营养。"

惟惟说:"它会喜欢玉米吗?"

第二天孩子们将猜测的食物放进了小细细的笼子里,想看看小细细会喜欢吃哪一种食物。在耐心等待下,孩子们发现小细细会吃玉米,但是对于花菜和土豆并不是很感兴趣。后来和孩子们一起了解了原来不能随便给小细细喂食物,比如玉米不能喂很多,花菜是不能喂的。孩子们在探究中逐渐知道小细细和他们吃的食物是不一样的。

故事4:一坨便便引发的"革命"

彩虹说:"好臭啊。"

嘟嘟说:"因为它拉便便了。"

小宝说:"这是它的便便吗?"

嘟嘟说:"是小细细的便便。我看到它拉出来的。"

小冉说:"它的便便是臭臭的。"

雷雷说:"它的便便是圆圆的。"

彩虹说:"它的便便还有颜色。"

孩子们对小细细的便便非常感兴趣,于是老师帮孩子们收集了一些小细细的便便,请孩子们来闻一闻、看一看。在近距离接触后,孩子们有了最真实的感知:原来小细细的便便是没什么味道的,它的便便是圆圆的,颜色和草的颜色一样。

故事5:让我来照顾你

随着时间发展,小细细的笼子开始变脏了。

小冉说:"小细细的家需要打扫,好脏呀。"

老师问她:"你可以帮助小细细打扫一下它的家吗?"

小冉说:"我们需要用扫把打扫。"

说完小冉一边走一边说道:"要给小细细打扫喽!要给小细细打扫喽!"嘟嘟听到后,帮忙拿来了垃圾桶。打扫工具准备就绪,孩子们一起完成了第一次小细细笼子的打扫工作。

芊芊说:"以后小细细要是再脏了怎么办?"

嘟嘟说:"我们可以打扫。"

然然说:"我经常帮妈妈做事情,我也可以。"

渊渊说:"小细细跳来跳去,我们怎么打扫呀?"

彩虹说:"我们把它放出去吧。"

小语说:"我们要给小细细喂吃的,它要饿的。"

渊渊说:"水喝光了。"

嘟嘟说:"小细细要喝水。"

说完不一会儿,小细细的碗里就有很多的食物了。

小语说:"有好多食物。"

嘟嘟说:"小细细会吃完吗?"

老师问小朋友:"这么多的小朋友都喂了小细细,会有什么问题吗?"

嘟嘟说:"吃太多了。"

小冉说:"它会不舒服的。"

老师问:"你们什么时候会吃东西呢?"

彩虹说:"饿了的时候。"

哼哼说:"中午的时候。"

小冉说:"还有晚上的时候。"

老师说:"其实小细细和我们一样,需要我们定时定量地给它喂食物和水,并且打扫它的家。"

随后在老师的帮助下,孩子们一起做了一块小牌子和一份记录表,每一个孩子都可以照顾到小细细,并且每投喂一次食物或水就可以在记录表上贴颗星星,这样孩子们就知道有没有喂小细细或者喂了多少。有了小牌子和记录表,孩子们开始认领自己的小任务,产生了喂水组、食物组、打扫组和陪玩组,这样照顾小细细就都不用担心啦。

总结与反思:

在有爱的时光里,孩子们和小细细成为好朋友。从一开始接近小细细还有一丝丝害怕和担忧,到现在摸摸小细细已经成为日常。照顾小细细的行动,也提高了我们班孩子的交往能力。因为需要向隔壁班的老师借粮食,一开始孩子们比较胆怯,但是,后来愿意并能大胆去借粮食的孩子多了。小细细的加入,让孩子们学会了照顾,学会了勇敢并萌发了更多的爱。

回顾整个活动,我们也进行了反思。首先是我们是否可以提前投放小兔子,让孩子在自由接触中有所观察发现,积累关于小兔子的一些经验,再自然地进入到主题活动中,引发孩子对小兔子的深入思考。

此外我们预设的活动——科学活动"各种各样的兔子"是没有必要的,因为在谈话的过程中就可以让孩子们知道有各种各样的兔子,并不需要特意组织集体活动。而且我们发现孩子们非常喜欢关于兔子的游戏"小兔子拔萝卜"和歌曲《小兔乖乖》,我们可以生成新的游戏,让孩子们更加积极地参与到主题活动中。我们在今后的活动中,不能一味追求在教师组织的集体活动中带给幼儿认知,而是可以更多引发幼儿的自主活动,让幼儿在和小兔子日常的互动中主动获得有关小兔子的相关经验。

课程的开展与延续,可以让我们的孩子更加善良、有责任心和爱心。我们希望通过与小兔子的朝夕相处,使孩子进一步萌发热爱小动物的情感,初步懂得尊重生命、爱护生命。

三、中班主题活动"小蜗牛爬呀爬"

宁波市海曙区丽象幼儿园　蔡李华

幼儿园主题活动前期审议调研用表

大主题名称：美好的春天

子主题名称：小蜗牛爬呀爬

主题来源分析	幼儿兴趣和需要	幼儿园有小树林适合蜗牛生活，尤其是雨后在泥地上、草丛中、石缝里经常都有大量的小蜗牛。幼儿在草地上发现了蜗牛，并对爬行中的蜗牛产生了浓厚的兴趣。 　　经过和幼儿的对话，能了解到幼儿对蜗牛非常感兴趣，有个别幼儿有一些关于蜗牛的知识，大部分幼儿对蜗牛产生了进一步探究的兴趣。
	课程资源	自然资源：4、5月份雨水丰富，能收集到大量的蜗牛，网上也能采购到不同品种的蜗牛，如白玉蜗牛 绘本资源：《蜗牛的日记》《蜗牛的小路》 网络资源：歌曲《我是快乐的小蜗牛》《蜗牛和黄鹂鸟》；蜗牛爬行视频；绘本故事：《牵着蜗牛去散步》《蜗牛和乌龟》《小蜗牛的家》
	主题价值	蜗牛作为一种动物，其相关知识属于科学领域中的生命科学范畴。蜗牛是比较常见和易捕捉的，探究活动能帮助幼儿获得蜗牛的外形特征、生活习性、行动方式和生命周期等相关经验。并且通过真实的探究，能够引发幼儿观察现象、提出问题，多方位培养和发展幼儿的观察实验能力、科学思考能力、表达交流能力和设计制作能力。而且除了常见的蜗牛外，还有烟管螺、白玉蜗牛等多种蜗牛，为幼儿长期观察和多样性的探究提供了条件。

续表

原主题目标	1.运用多种感官感知春天里动植物的明显变化,用多种方式大胆表达对蜗牛的认识和感受 2.初步了解蜗牛的外形特征,获得有关蜗牛生长过程和生活习性的经验 3.尝试运用观察、比较、记录的方法,感受春天给大自然带来的勃勃生机,体验春天的美好
调整目标	1.初步了解蜗牛的外形特征,感受其明显的特征 2.尝试运用观察、比较、记录的方法,获得有关蜗牛生长过程和生活习性的经验 3.运用多种感官感知蜗牛的明显变化,用多种方式大胆表达对蜗牛的认识和感受
调整理由和依据	根据《3—6岁儿童学习与发展指南》和核心经验,对目标进行了调整,从认知、能力和情感三条线进行制定,更清晰具体。 1.能感知和发现动植物的生长变化及其变化的基本条件 2.能运用歌唱、绘画、手工等不同的"语言"表现自己观察到或想象到的事物 3.感知并描述动植物的生命周期、生存条件 4.能用图画或其他符号进行记录动植物的生长过程及生存条件 5.能对事物或现象进行观察比较,发现其相同与不同

附：1.幼儿经验调查表

◉◉"寻找蜗牛大行动"记录表

幼儿姓名		参与者(爸/妈)		寻找时间	
你在哪里找到了蜗牛 （圈一圈）					（其他地方）
你发现了蜗牛身上的哪些秘密 （画一画）					
你还找到了蜗牛的哪些信息					

2. 统计分析表

幼儿经验调查结果分析

项目	内容	分析
幼儿原有的相关经验	1. 蜗牛的形态：4只触角，2只眼睛，有嘴巴，牙齿很多，不过用显微镜才能看见 2. 蜗牛的习性：喜欢吃草、菜叶，特别喜欢萝卜叶 3. 蜗牛的生活环境：喜欢下雨，雨后就出来了，菜地里、草地上都有，喜欢湿湿的地方	大部分幼儿能够通过了解蜗牛的形态、习性，知道它喜欢生活的地方
幼儿未知的相关经验	1. 蜗牛的生长过程 2. 蜗牛壳的作用和特点 3. 蜗牛的生理特点：有黏液	幼儿对蜗牛的外形有一定的了解，对蜗牛比较特殊的生理特点和生长过程不太了解
幼儿面临的挑战	中班幼儿在对事物的现象观察、提出问题、做出假设、检验假设、形成结论方面的科学探究能力有所欠缺，记录、表征的经验缺少，还需要教师进行平行指导。	

幼儿园主题活动前期审议预设用表

大主题名称：美好的春天
子主题名称：小蜗牛爬呀爬

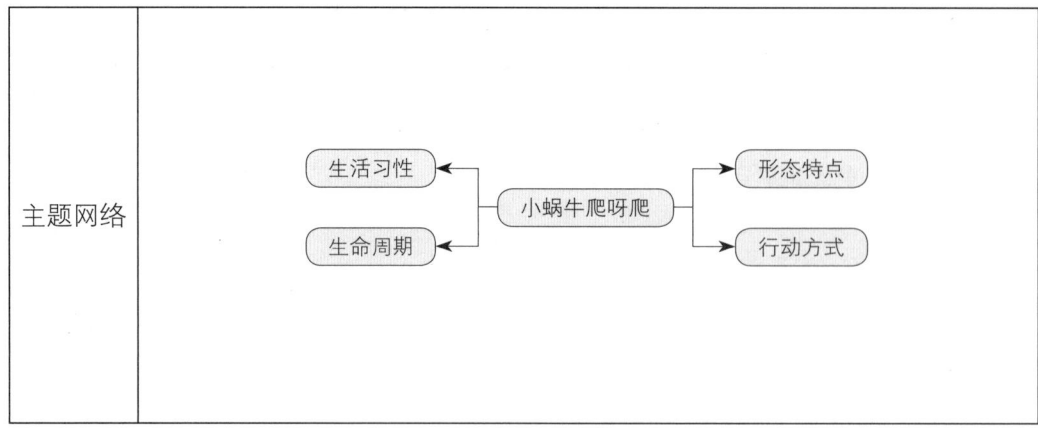

续表

情境脉络	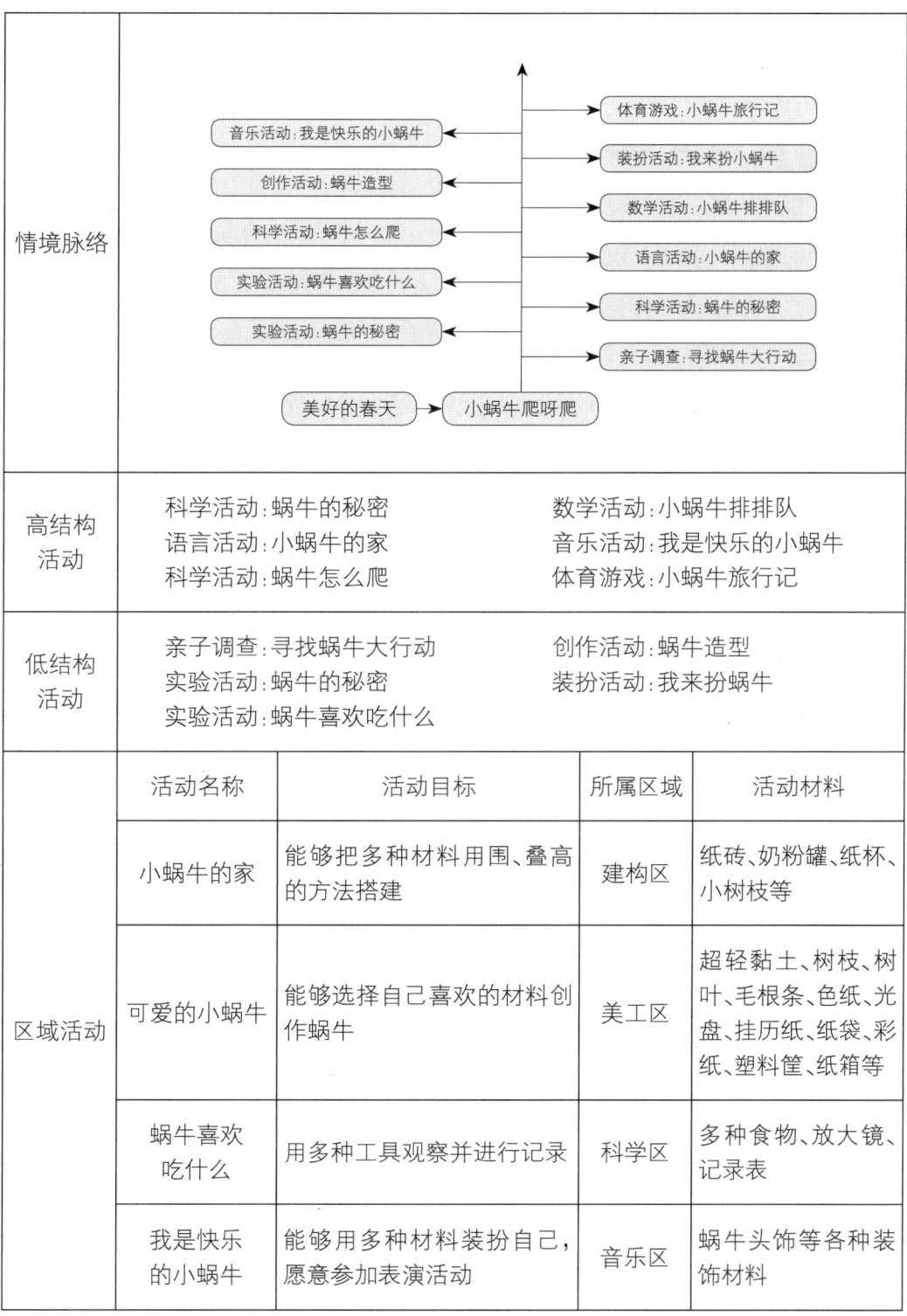
高结构活动	科学活动：蜗牛的秘密　　　　　　数学活动：小蜗牛排排队 语言活动：小蜗牛的家　　　　　　音乐活动：我是快乐的小蜗牛 科学活动：蜗牛怎么爬　　　　　　体育游戏：小蜗牛旅行记
低结构活动	亲子调查：寻找蜗牛大行动　　　　创作活动：蜗牛造型 实验活动：蜗牛的秘密　　　　　　装扮活动：我来扮蜗牛 实验活动：蜗牛喜欢吃什么

区域活动	活动名称	活动目标	所属区域	活动材料
	小蜗牛的家	能够把多种材料用围、叠高的方法搭建	建构区	纸砖、奶粉罐、纸杯、小树枝等
	可爱的小蜗牛	能够选择自己喜欢的材料创作蜗牛	美工区	超轻黏土、树枝、树叶、毛根条、色纸、光盘、挂历纸、纸袋、彩纸、塑料筐、纸箱等
	蜗牛喜欢吃什么	用多种工具观察并进行记录	科学区	多种食物、放大镜、记录表
	我是快乐的小蜗牛	能够用多种材料装扮自己，愿意参加表演活动	音乐区	蜗牛头饰等各种装饰材料

幼儿园主题活动前期审议论证用表

大主题名称：美好的春天

子主题名称：小蜗牛爬呀爬

主题目标论证		
论证内容	具体表述	论证结果
知识和能力	初步了解蜗牛的外形特征，感受其明显的特征	中班幼儿的认知经验除了感受蜗牛明显的外形特征、生活习性，还可以包括行动方式。建议目标再做调整。 1. 初步了解蜗牛的外形特征，感受其明显的特征和生活习性及行动方式。 2. 尝试运用多种感官感知，并通过观察、比较、记录、实验的方式获得有关蜗牛的相关经验。 3. 乐意参与探究活动，能用多种方式大胆表达对蜗牛的认识和感受。
过程和方法	尝试运用观察、比较、记录的方法，获得有关蜗牛生长过程的经验以及蜗牛的生活习性	
情感态度和价值观	运用蜗牛多种感官的明显变化，用多种方式大胆表达对蜗牛的认识和感受	
主题实施路径论证		
论证内容		活动数量
高结构活动		6个
低结构活动		5个
区域活动		4个
活动内容论证		
活动样态	具体名称	生活性（√）	游戏性（√）
高结构活动	科学活动：蜗牛的秘密	√	
	语言活动：小蜗牛的家	√	
	科学活动：蜗牛怎么爬	√	√
	数学活动：小蜗牛排排队	√	
	音乐活动：我是快乐的小蜗牛		√
	体育游戏：小蜗牛旅行记	√	√

续表

活动内容论证				
活动样态	具体名称	生活性(√)	游戏性(√)
低结构活动	亲子调查:寻找蜗牛大行动	√	√
	实验活动:蜗牛的秘密1	√	
	实验活动:蜗牛喜欢吃什么	√	√
	创作活动:蜗牛造型		√
	装扮活动:我来扮蜗牛	√	√
论证分析			
在本主题的活动中,我们投放了大量的材料,通过观察记录、艺术创作、表演欣赏、拼搭建构等游戏形式,和主题进行链接,推动主题的深入探究。			

幼儿园主题活动中期审议操作用表（一）

大主题名称：美好的春天
子主题名称：小蜗牛爬呀爬

前期回顾	幼儿兴趣和挑战	幼儿对蜗牛很感兴趣,通过一起收集、观察、交流,了解了蜗牛的很多秘密。对于还想要了解的问题,幼儿及时地进行了记录和梳理,呈现在主题墙上。在观察蜗牛爬行时,幼儿发现有些蜗牛很喜欢爬,有些蜗牛不愿意爬,有些蜗牛爬着爬着就不动了;蜗牛爬行的路线也有不同,爬过的地方还有白色的黏液等。
预设路径和策略评估	高结构活动	1. 科学活动:蜗牛的秘密 　　幼儿了解了蜗牛的基本外部特征和生活习性,用放大镜发现蜗牛头部有两对触角,后面一对较长的触角的顶端是蜗牛眼睛,它还有个小小的嘴巴,牙齿很多。蜗牛有个壳,身体是软软的,喜欢生活在潮湿的地方。同时,幼儿把想要了解的问题记录在主题墙上,以便在下个阶段持续探究。 2. 科学活动:蜗牛怎么爬 　　幼儿用放大镜仔细地观察蜗牛的行动方式,他们用表征的方式记录了蜗牛的爬行情况。同时,幼儿还用身体表现了蜗牛的爬行状态。

续表

预设路径和策略评估	高结构活动	3. 语言活动：小蜗牛的家 　　通过故事，幼儿知道了蜗牛的家就是蜗牛的壳，进一步了解了蜗牛壳的特性和作用。幼儿还通过查资料，知道了蜗牛有很多种类，蜗牛壳有很多形状，壳的颜色、花纹都各不相同，并把这些都记录了下来。 4. 音乐活动：我是快乐的小蜗牛 　　幼儿很喜欢小蜗牛，非常乐意学习用两声部的唱歌形式来演唱小蜗牛的歌曲。在艺术节来临之际，幼儿进行了歌唱表演，用快乐的歌声表现对小蜗牛的喜爱。 5. 体育游戏：小蜗牛旅行记 　　幼儿总是在地上学蜗牛爬，他们找来了靠垫、纸盒、纸箱等，在美工区制作小蜗牛的壳。幼儿穿上表演服，戴上头饰，把蜗牛壳背在身上，快乐地玩着游戏。
	低结构活动	1. 亲子调查：寻找蜗牛大行动 　　幼儿在周末和家长一起找到了很多蜗牛，并将它们饲养在盒子里。幼儿把观察、收集到的有关信息都记录在"寻找蜗牛大行动"记录表中。 2. 实验活动：蜗牛的秘密 　　教师创建了"蜗牛的秘密"展示台，用于饲养蜗牛。幼儿用放大镜观察蜗牛的外形特征和爬行方式，并把自己的发现记录了下来。 3.. 实验活动：蜗牛喜欢吃什么 　　活动前，幼儿带着问题，拿着小箩筐到户外采集了蜗牛喜欢吃的食物。教师为幼儿提供了6个透明塑料盒、放大镜、观察记录表。幼儿把收集到的食物进行分类整理，投放在盒中。通过一周的观察、记录，幼儿发现蜗牛最喜欢吃菜叶。 4. 创作活动：蜗牛造型 　　幼儿运用了多种材料去表现蜗牛，如轻黏土、彩纸、光盘、旧报纸等，表达了对小蜗牛的喜爱。 5. 装扮活动：我来扮蜗牛 　　幼儿用收集来的靠垫、纸盒、纸箱等在美工区制作小蜗牛的壳，并把装饰好的蜗牛壳背在身上，扮演小蜗牛。后期，幼儿把这些作品放在音乐区，用于扮演蜗牛、模仿蜗牛爬行。

续表

预设路径和策略评估	区域活动	科探区： 　　提供放大镜，观察蜗牛的触角、壳的形状、花纹等，并进行记录；提供白玉蜗牛、烟管螺、螺丝等，记录它们的异同，通过观察和查找资料，了解蜗牛的特点；创设爬台，让幼儿猜测蜗牛喜欢的食物，并进行验证，再持续观察和记录蜗牛的爬行方式。

幼儿园主题活动中期审议操作用表（二）

大主题名称：美好的春天

子主题名称：小蜗牛爬呀爬

调整优化	分析资源	在后期观察蜗牛时，幼儿发现了很多关于蜗牛的秘密。 　　1. 在观察蜗牛爬行的同时，幼儿忽然发现有些蜗牛很喜欢爬，有些蜗牛不愿意爬。 　　2. 幼儿把蜗牛放在透明纸上爬，放在白纸上爬，放在黑色纸上爬，放在手上爬，他们惊讶地发现纸上有一条条白色的痕迹。
	增加内容	1. 探玩活动：怎样让蜗牛爬 　　在观察蜗牛爬行时，幼儿发现有些蜗牛很喜欢爬，有些蜗牛不愿意爬，有些蜗牛爬到一半就缩在壳里不动了。有什么办法能让蜗牛爬起来呢？于是，增加了此活动，让幼儿根据原有的经验猜测、表征让蜗牛爬的方法。 2. 探玩活动：蜗牛还会怎么爬 　　幼儿发现蜗牛不但会直着向前爬，而且还会爬下桌子。如果给蜗牛设计一些障碍，它会怎么爬？因此，幼儿决定给蜗牛设置不同的障碍，一起探究蜗牛还会怎么爬。 3. 美术活动：蜗牛的漫步 　　幼儿把蜗牛放在透明的纸上、白纸上、黑纸上、手上，发现纸上有一条条白色的痕迹，这是什么？于是，增加了此活动，让幼儿顺着蜗牛留下的痕迹，用白色的蜡笔在纸上画蜗牛爬行的路线，用点、线、面设计作品。 4. 探玩活动：蜗牛的繁衍 　　活动时，幼儿忽然对蜗牛会不会生宝宝感到非常好奇。于是，增加了此活动，探究蜗牛生宝宝的过程，并学习持续观察和记录。

续表

调整优化	增加内容	5.仪式活动:蜗牛博览会 　　在和蜗牛的亲密接触中,幼儿了解了蜗牛的身体特征、基本需求、生活习性和爬行方式,感受到了生命的独特和珍贵,对蜗牛产生了喜爱之情。因此,增加了此活动,让幼儿把探究蜗牛的历程进行展示,把有关蜗牛的知识进行宣传。
	删减内容	1.装扮活动:我来扮蜗牛 　　在美工区中,幼儿就可以运用各种材料进行进行有关蜗牛的创作,不需要单独分开,因此删除。
重构脉络		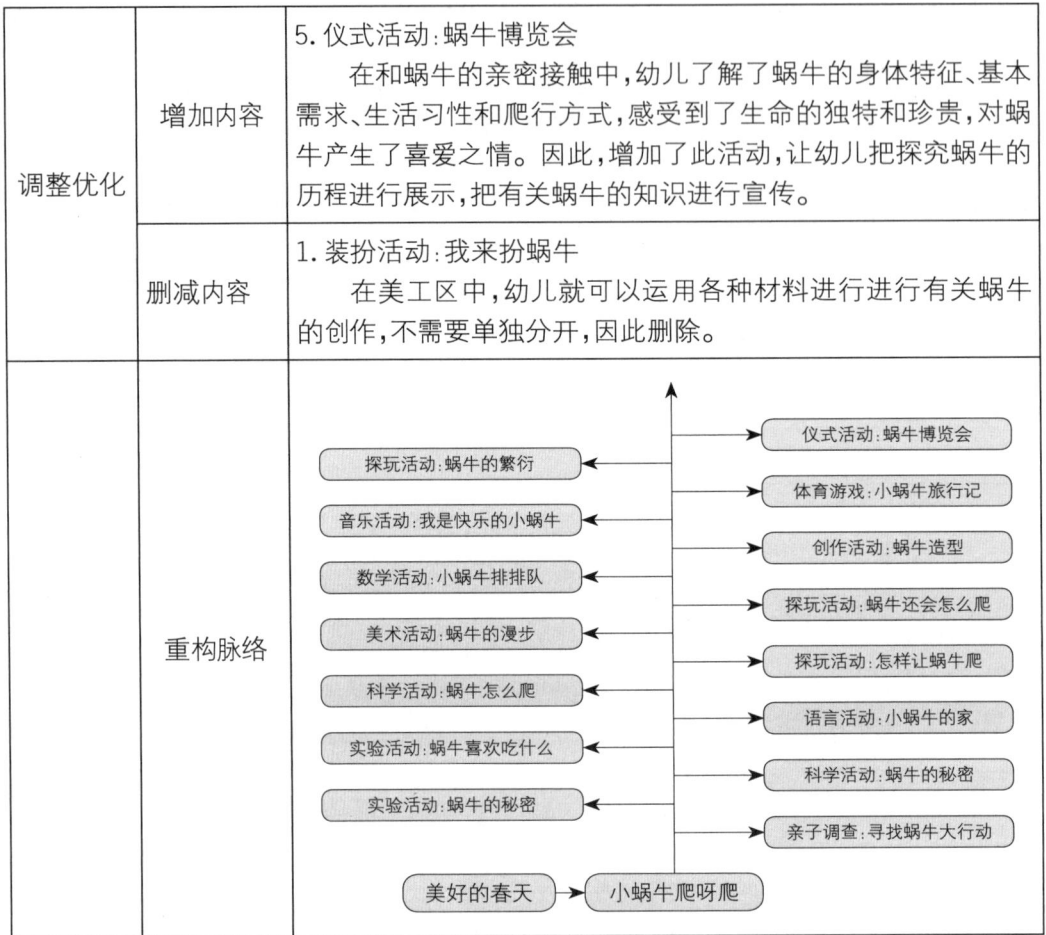

幼儿园主题活动后期审议操作用表(一)

大主题名称:美好的春天

子主题名称:小蜗牛爬呀爬

主题回顾	目标达成	"小蜗牛爬呀爬"这个主题开展了两周多,幼儿对蜗牛的探究始终保持着兴奋的状态。本次主题活动中,幼儿积极调动原有经验,事先观察、寻找、收集蜗牛的信息,会用放大镜观察蜗牛的外形特征、习性、生活环境,记录蜗牛喜欢吃的食物等。还尝试进行了有关蜗牛的美术活动、音乐活动、体育活动等来创造蜗牛造型、演绎蜗牛。此次蜗牛的主题活动具有一定的真实探究性,非常适合中班幼儿的需求及学习,幼儿在探究中获得了丰富的蜗牛知识。

续表

主题回顾	实施亮点	幼儿对蜗牛的爬行非常感兴趣，生成了一系列相关的探究活动。在行进的过程中，孩子们会积极地、自主地提出问题，带着问题观察、表征、操作、得出一定的结论，教师在活动中不断给予幼儿一定的支持。在整个过程中，幼儿运用提问、猜测、设计、验证、再发现、再猜测、再验证的科学探究方法，用观察到的新现象强化、丰富和调整原有认识，逐渐建构起新的知识经验，让探究更深入。
	存在问题	直到主题行进到蜗牛生宝宝，因为各种原因而导致了活动以失败而告终。在后期因为温度条件不允许而没有继续开展，有所遗憾。 　　本次活动是生命科学的一部分，在其中应该体现生命的价值。如在活动中碰到有蜗牛死亡的案例，可以增加关于生命的教学活动，从小培养幼儿爱护小动物及探究死亡与繁殖后代的知识。
评价实证	幼儿主题经验检核结果分析	从经验检核表显示，本次主题活动的各目标达成率还是很高的。幼儿对整个活动的兴趣特别浓厚，能够积极主动观察、记录、交流自己的探究发现，乐意提问，自己动手操作并寻求答案。但在本主题中，科学探究活动比例较多，缺少社会活动和体育活动。在之后的主题活动中，还需注意五大领域的均衡性。
	家长反馈结果分析	活动中，家长发现幼儿对蜗牛的探究欲望很强烈，经常主动搜集关于蜗牛的知识，并且在家里也饲养了很多蜗牛进行观察和记录。他们会把蜗牛爬行的动态都记录下来，有的还尝试着让蜗牛繁殖。
	教师评价反思	"小蜗牛爬呀爬"具有一定的探索价值，非常适合幼儿进行探究。幼儿主动积极探索，从原有经验出发，在猜测、表征、验证的过程中实践和学习验证结果，习得新经验。
评价实证	教师评价反思	在整个活动行进中，教师对主题活动不断开展回顾，对预设活动和幼儿生成活动进行优化和调整，使得主题内容变得更加丰富。在后期调整主题网络结构图时，教师会以活动为基础，相互出力，既给予幼儿探究的时间，丰富主题的饱满度，又满足幼儿深度探究体验的需求。 　　虽然蜗牛主题活动结束了，但是幼儿对蜗牛的探究兴趣还在持续，课程的探究过程让幼儿积累探究方法，让学习变得有动力，这都是不一样的经历与更深层次的体验。

幼儿园主题活动后期审议操作用表(二)

大主题名称:美好的春天
子主题名称:小蜗牛爬呀爬

目标调整	1. 初步了解蜗牛的外形特征,感受其明显的特征和生活习性及行动方式 2. 尝试运用多种感官感知,并通过观察、比较、记录的方式获得有关蜗牛的相关经验 3. 乐意参与探究活动,能用多种方式大胆表达对蜗牛的认识和感受	
实施路径	高结构活动	科学活动:蜗牛的秘密　　数学活动:小蜗牛排排队 语言活动:小蜗牛的家　　音乐活动:我是快乐的小蜗牛 科学活动:蜗牛怎么爬　　体育游戏:小蜗牛旅行记 美术活动:蜗牛的漫步
	低结构活动	亲子调查:寻找蜗牛大行动　探玩活动:怎样让蜗牛爬 实验活动:蜗牛的秘密　　　探玩活动:蜗牛还会怎么爬 实验活动:蜗牛喜欢吃什么　探玩活动:蜗牛的繁衍 创作活动:蜗牛造型　　　　仪式活动:蜗牛博览会
	区域活动	建构区:小蜗牛的家 科学区:蜗牛喜欢吃什么 美工区:可爱的小蜗牛 表演区:我是快乐的小蜗牛 科探:怎么让蜗牛爬 美工区:装扮蜗牛
	其他	寻找、饲养蜗牛 调查活动

幼儿园主题活动后期审议操作用表(三)

大主题名称:美好的春天
子主题名称:小蜗牛爬呀爬

主题网络优化	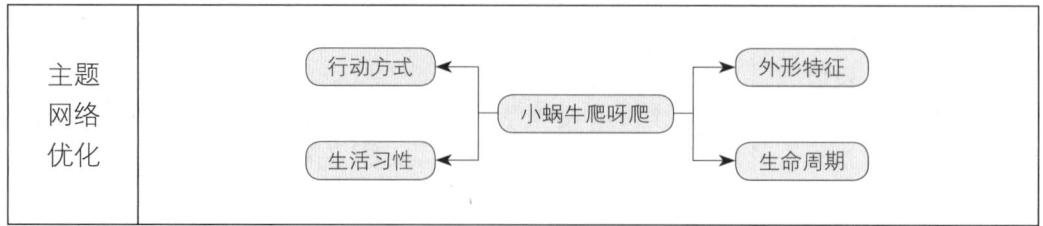

续表

情境脉络优化	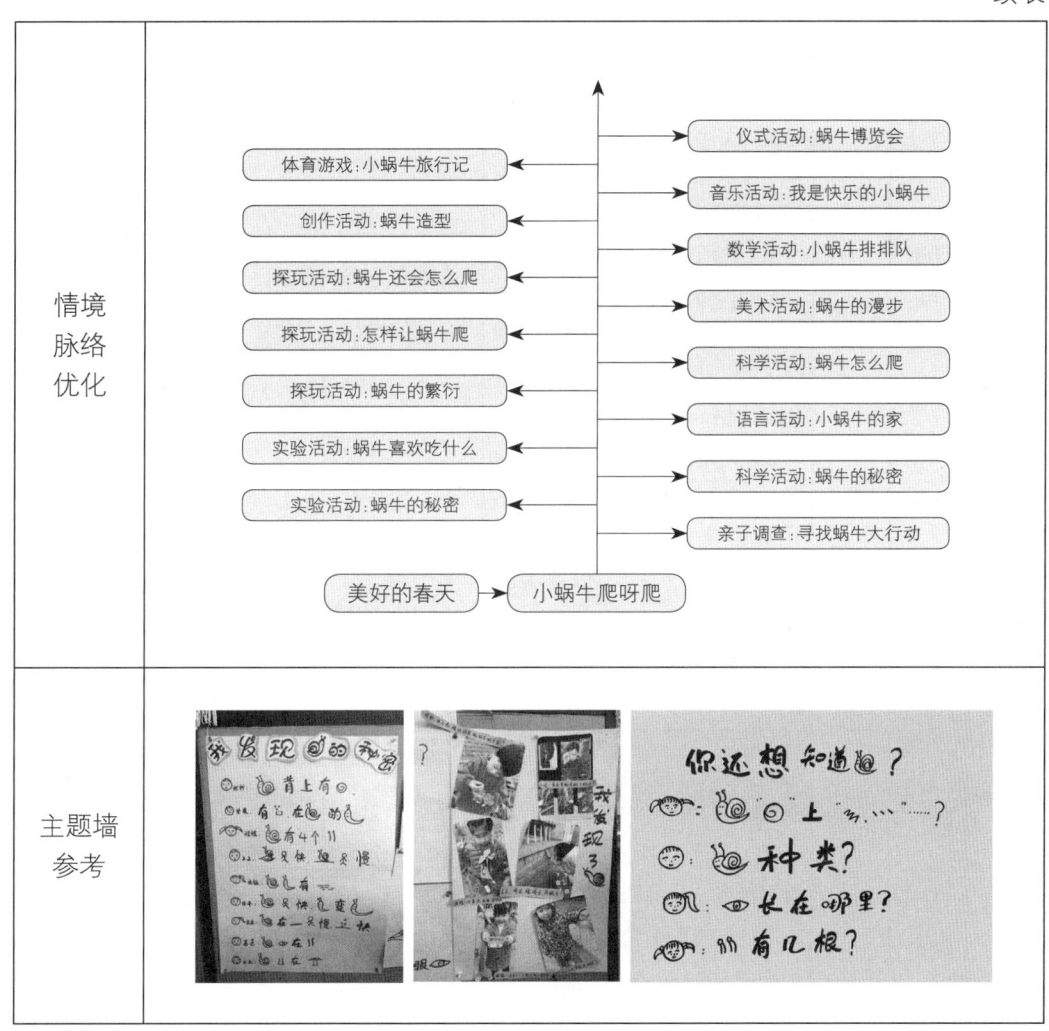
主题墙参考	

中班"小蜗牛爬呀爬"主题幼儿经验检核表

一级指标	二级指标	检核内容	检核标准	集体教学（区域活动）	幼儿人数与学号（按实际人数填写）
会玩亲和	运动与健行	爬的动作	A. 能根据信号手脚着地大胆往上爬，往下爬 B. 在老师的指导下，根据信号手脚着地往上爬，往下爬 C. 在老师的提示下，依然无法根据信号手脚着地爬	体育游戏：小蜗牛旅行记	A（14）：1、2、4、6、7、8、9、15、18、21、23、24、27、30 B（13）：5、10、11、12、13、14、17、19、20、25、26、28、29 C（3）：3、22、16

续表

一级指标	二级指标	检核内容	检核标准	集体教学（区域活动）	幼儿人数与学号（按实际人数填写）
会玩亲和	创造与表达	绘画想象	A. 能运用点、线、面的有序组合勾画蜗牛的痕迹，会根据画面借形想象 B. 在老师的指导下运用点、线、面的有序组合勾画蜗牛的痕迹，会根据画面进行想象 C. 在老师的指导下尝试运用点、线、面的组合勾画蜗牛的痕迹	美术活动：蜗牛的漫步	A（12）：2、4、6、7、8、10、11、12、13、16、17、21 B（16）：1、3、5、9、14、15、18、19、20、22、23、24、26、27、28、30 C（2）：25、29
	亲善与交往	分享交流	A. 能大胆讲述小蜗牛的家的作用 B. 在老师引导下讲述小蜗牛的家的作用 C. 不愿意讲述小蜗牛的家的作用	语言活动：小蜗牛的家	A（25）：1、2、4、5、6、7、8、10、11、12、13、14、15、17、19、20、21、22、23、24、25、27、28、29、30 B（4）：3、9、18、26 C（1）：16
		同伴合作	A. 能与同伴互相合作设计障碍 B. 在老师的指导下与同伴互相合作设计障碍 C. 不乐意互相合作设计障碍	科学活动：蜗牛还会怎么爬	A（15）：1、4、5、6、7、11、12、14、15、17、19、22、24、25、30 B（13）：2、8、9、10、13、18、20、21、23、26、27、28、29 C（2）：3、16
乐学善思	兴趣与体验	歌唱方法	A. 跟着音乐运用两声部的方法进行演唱 B. 在老师的提示下用两声部的方法进行演唱 C. 无法用两声部方法进行演唱	音乐活动：我是快乐的小蜗牛	A（22）：1、4、5、6、7、8、11、12、13、14、15、17、19、20、21、22、23、24、25、26、28、30 B（7）：2、9、10、16、18、27、29 C（1）：3
		探究兴趣	A. 主动探索蜗牛的身体特征，对活动感兴趣 B. 在老师的指导下探究蜗牛的身体特征 C. 对探究活动没有兴趣	科学活动：蜗牛的秘密	A（28）：1、2、3、4、5、6、7、8、9、10、11、12、13、14、15、17、18、19、20、21、22、23、24、25、26、27、28、30 B（2）：16、29 C（0）

续表

一级指标	二级指标	检核内容	检核标准	集体教学（区域活动）	幼儿人数与学号（按实际人数填写）
乐学善思	探究与发现	观察现象	A. 乐意观察蜗牛爬行，知道蜗牛是用腹足来爬行的 B. 观察蜗牛爬行，在老师指导下发现蜗牛的爬行痕迹 C. 观察蜗牛的爬行，无法发现蜗牛的爬行痕迹	科学活动：蜗牛怎么爬	A（13）：1、4、6、7、11、12、13、15、17、24、25、28、29 B（17）：2、3、5、8、9、10、14、16、18、19、20、21、22、23、26、27、30 C（0）
		探索表达	A. 能用语言或其他表征方式清晰表达自己的发现 B. 愿意在老师的帮助下用语言或其他表征方式表达自己的发现 C. 不愿意表达或无法用表征表达自己的发现	探玩活动：蜗牛还会怎么爬	A（23）：1、4、5、6、7、8、9、10、11、12、13、14、15、17、19、20、22、24、25、26、27、28、30 B（5）：2、3、18、23、29 C（2）：16、21

【幼儿活动】

观察蜗牛爬行痕迹

蜗牛喜欢吃什么

蜗牛爬过障碍

【课程故事】

小蜗牛爬呀爬

缘起：

春天到了，草儿绿了，花儿开了，小动物们苏醒了。我们事先制作了"寻找蜗牛大行动"记录表,但考虑到中班幼儿年龄特点,于是把原有的记录表进行了调整,通过圈一圈、画一画的形式让亲子一起记录,使内容清晰,便于孩子们观察、记录。孩子们在双休日开始寻找蜗牛,爸爸妈妈们也陪着一起参与到寻找蜗牛的行动中,并记录了寻找的过程。

故事1:蜗牛喜欢吃什么

在介绍蜗牛的秘密时,孩子们有了新问题"蜗牛喜欢吃什么"。他们猜测蜗牛喜欢吃菜叶,或者喜欢吃树叶,或者喜欢吃花花。那么蜗牛究竟喜欢吃什么呢?孩子们带着自己心里的答案,拿上小箩筐一起到户外去采集蜗牛喜欢吃的食物。孩子们采来的食物各种各样,有的摘来了小草,有的捡来了菜叶,也有孩子提出蜗牛喜欢吃肉和水果……孩子们通过讨论,确定了7种食物:小草、蒜、花、树叶、菜叶、肉、草莓。为了便于孩子们观察,我们提供了7个单独的透明塑料盒、放大镜、观察记录表。孩子们把食物分类整理,投放在透明塑料盒中,并画好食物标签,他们还在科探区中专门整理出了一块区域,把7个盒子排得整整齐齐进行观察。经过了一周,从孩子们的发现及记录表中可以看出,蜗牛最喜欢吃菜叶,有时也会吃点草。

故事2:蜗牛怎么爬

孩子们将带来的蜗牛都放在了展台上,他们一有空就去看蜗牛。"老师,蜗牛爬出来了。""你看,它们都往上爬。""什么是爬?""爬就是趴着走,像这样,手脚在地上爬,就像毛毛虫一样,趴在地上走。"

"那蜗牛究竟是怎么爬的呢?"我们开展了预设的教学活动"蜗牛怎么爬"。孩子们通过日常观察蜗牛所获得的经验,画出了蜗牛的爬行。

柠柠:"蜗牛用肚子下面像月亮一样的东西爬,会向前爬,会向后爬,会向这边爬,还会向那边爬。"

鸿轩:"蜗牛身下有黏液,它靠黏液向前爬,有的往前爬,有的往后爬。"

豆豆:"蜗牛排着队向前爬。"

博博:"蜗牛缩进去了,向前滚去。"

洪睿:"蜗牛一个个接着爬。"

正正:"蜗牛有个大肚子,它靠大肚子慢慢向前爬。"

最后,孩子们还用身体动作来表现蜗牛爬行,学小蜗牛爬行,非常生动有趣。有一天早上来园,孩子们发现蜗牛不但会直直地向前爬,会爬下桌子,爬在盒顶上,还会爬出盒子。"那它会爬山吗?会走迷宫吗?会在跑道上爬吗?"如果给蜗牛设计一些障碍,它又会怎么爬?对于这个问题孩子们非常感兴趣,他们马上动手画了障碍设计图,设计了迷宫、小山洞、小石子跑道、圆圆的小陷阱、高高的小山和房子等。

根据设计图两、三人组合制作障碍。他们在科探区找来迷宫,将卷纸筒连接成小山洞,制作跑道,用轻泥做小山,放上大石头,用小花盆做陷阱,报纸球搭成房子,最后把蜗牛放进设计的障碍物中。

他们发现蜗牛会爬山,但是爬到一半它就不动了;蜗牛会爬进小山洞,到最后折回来停下来休息了。蜗牛好厉害,它会从我们的山洞中爬出来;蜗牛在放了小石头的跑道上,它会绕过小石子爬,爬着爬着爬到其他的跑道上了;蜗牛开始绕着洞口爬,会转弯。呀,它掉进陷阱里了!它的眼睛看不见吗?活动中,第三小组的孩子提出要增加陷阱的高度,看看蜗牛能否爬出来。

第四小组的孩子觉得要放上沙子,看看蜗牛会不会爬过去。后来孩子们把障碍放在了科探区中进行下一步操作和观察。在观察中,孩子们还发现了一个秘密,蜗牛会沿着细细的跑道边沿爬行不掉下来,而且持续时间很长,他们觉得特别有趣。

孩子们提出自己也想试一试这样行走,于是他们在教室里找来PPC管,在上面行走,玩起了"走钢丝"游戏。

为什么总是掉下来?会不会是鞋子的关系?脱下鞋子试一试!

很快他们又提出了一个新问题:怎么样才能在上面行走?带着问题,他们继续思考和尝试。

故事 3：怎样让蜗牛爬

在观察蜗牛爬行的同时，孩子们发现有些蜗牛很喜欢爬，有些蜗牛不愿意爬。于是根据孩子们的兴趣，我们生成了教学活动"怎么让蜗牛爬"。孩子们根据自己原有的经验或者喜好做出了猜测。

给蜗牛吃苹果，它会出来；放一些绿绿的菜叶，它喜欢吃就出来了；给它吃火腿肠，香香的，它一定出来；后来俊宇说给蜗牛浇点水，它就会出来。

于是第二天在科探区里，孩子们带来了苹果、香蕉、圣女果、菜叶等来引诱蜗牛，发现都不起作用，最后他们在蜗牛身上喷了一些水，发现蜗牛真的慢慢伸出脑袋爬出来。

故事 4：蜗牛的漫步

下午是孩子们和小蜗牛的共处时光，孩子们把蜗牛放在透明纸上爬，放在白纸上爬，放在黑色纸上爬，放在手上爬，忽然他们惊讶地发现纸上有一条条白色的痕迹。"这是什么？"有的孩子说这是蜗牛爬的时候留下的黏液，有的说这是蜗牛爬过的路。于是在科探区中我们为孩子提供了不同颜色的卡纸，孩子们发现在黑色卡纸上蜗牛留下的黏液最明显，于是自由活动的时候经常看见孩子们带着蜗牛在黑纸上散步。

孩子们偶尔发现黏液很淡，特别是干了后更不容易看见，于是我们就生成了美术活动"蜗牛的漫步"。孩子们顺着蜗牛留下的痕迹，用白色的蜡笔在上面勾画蜗牛散步的路线，并运用了点、线、面，设计了作品《蜗牛的漫步》。他们还从画中把蜗牛留下的线路进行组合联想，像狮子、牛、人、老爷爷的胡子，真有趣。

故事 5：装扮蜗牛

有一天，孩子们在地上学蜗牛爬，有孩子提议背个壳就更像了。于是他们找来了图书区的靠垫、纸盒、纸箱等材料在美工区制作小蜗牛的壳，他们尝试用粘贴和颜料涂鸦的形式进行创造。

后来这些壳被投放在音乐区，孩子们每天早上会穿上衣服，戴上头饰，把蜗牛壳背在身上,快乐地表演。孩子们还进行了体育活动"小蜗牛旅行记",模仿蜗牛爬行,很快乐。

总结与反思:

"小蜗牛爬呀爬"这个主题开展了两周多,孩子们对蜗牛的探究始终保持着兴奋的状态。直到主题行进到蜗牛生宝宝时,因为各种原因而终止。在活动中,老师将集体活动、区域活动、环境支持这三方面互相融合,有效支持孩子的探索空间,让孩子进行了深度的探索和学习。

本次主题活动中,孩子们能积极调动原有经验,事先观察、寻找、收集蜗牛的信息,会用放大镜观察蜗牛的外形特征、习性、生活环境并记录蜗牛喜欢吃的食物等。他们对蜗牛的爬行非常感兴趣,生成了关于蜗牛怎么爬,还会怎么爬?会爬障碍物吗?为什么会走钢丝?等一系列问题相关的探究活动。在行进的过程中,孩子们会积极地、自主地提出问题,带着问题观察、表征、操作,最终得出一定的结论。我们还尝试进行了有关蜗牛的美术活动、音乐活动、体育活动等来创造蜗牛造型、演绎蜗牛。此次蜗牛主题活动具有一定的真实探究性,非常适合中班幼儿的需求及学习。

四、中班项目活动"春日冷餐会"

宁波市海曙区气象路幼儿园 竺园

幼儿园项目活动审议操作用表(一)

项目活动名称:春日冷餐会

项目的产生	在"春天到"主题活动中期审议时,教师分享了一个案例:在餐后散步时,孩子们发现幼儿园的梨花花瓣在一阵风后飘落在跑道上,这让孩子们不约而同地想起了故事《花瓣鱼》。孩子们兴致勃勃地捡着花瓣,刚好又有一片玉兰花瓣也落下,幼儿开始谈论花瓣的颜色、大小、气味。有个孩子惊喜地发现玉兰花瓣能够碾压出花汁。 幼儿提出疑问:每朵花都会有花汁吗?花汁的颜色与花的颜色一样吗?就这样,我们把在幼儿园里捡拾到的花瓣带回教室,开始了探索活动。 在创作活动"花汁添画"后,很多幼儿惊奇地发现自己画的作品有香味,于是非常好奇,那鲜花能做什么好吃的呢?孩子们开始畅想各种鲜花做的美食,并提出要举行一次"春天的冷餐会"来招待小班的弟弟妹妹。由此,一次带有浓浓春日气息的冷餐会就这样展开了。 此项目活动是由中班幼儿的兴趣而来的。幼儿初次尝试在项目中承担相应的任务,共同协作完成一个活动,这能够促进幼儿的综合发展。
关键经验	1. 社会领域:愿意并主动参加集体活动,能与同伴友好相处;活动时愿意接受同伴的意见和建议,能按自己的想法进行游戏或其他活动;具有自尊、自信、自主的表现,敢于尝试有一定难度的活动和任务 2. 科学领域:具有初步的探究能力;能通过简单的调查收集信息,能用图画或符号进行记录;对环境中的各种数字有探究的兴趣

关键经验	3. 语言领域:愿意与他人交谈,喜欢谈论自己感兴趣的话题,能基本完整地讲述自己的所见所闻和经历的事情;讲述比较连贯,愿意用图画和符号表达自己的想法 4. 艺术领域:在欣赏美的事物时,能关注其色彩、形态等特征;能用捏泥、绘画等方式表现自己的所见所闻
对幼儿的挑战	1. 制定计划 　　项目中涉及计划,大的有整个活动计划,小的有展台布置、装饰设计、邀请函设计、美食计划等。 2. 遇到问题 　　中班幼儿自主解决问题的能力是有限的,他们能够解决单一的问题,但在项目活动中,往往需要有多方面的协调能力,这对中班幼儿来说是具有挑战的。 3. 混龄活动 　　中班幼儿渴望自己成为幼儿园里的大哥哥/大姐姐,但因为自身社交能力有限,有的幼儿需要克服自己的胆怯,有的幼儿需要找到方法吸引弟弟妹妹参与活动,还有的幼儿需要在活动中学习照顾弟弟妹妹等。
资源分析	1. 物质资源 　　春天到了,幼儿园里的花都开放了,为制作花瓣美食提供了物质资源。 2. 人力资源 　　班级里有一名家长经营甜品店,能够提供技术支持。 3. 网络资源 　　网络上有各种美食展台的照片、视频,为幼儿提供了经验支持。

幼儿园项目活动审议操作用表(二)

项目活动名称:春日冷餐会

活动目标	1. 选择自己感兴趣的任务,明确自己的任务并努力坚持完成 2. 能够积极解决活动中遇到的困难,大胆参与活动并体验成功的喜悦 3. 用多种方式表达对春天的感受,在制作、品尝、参与活动中感受春天的美好

续表

项目的展开	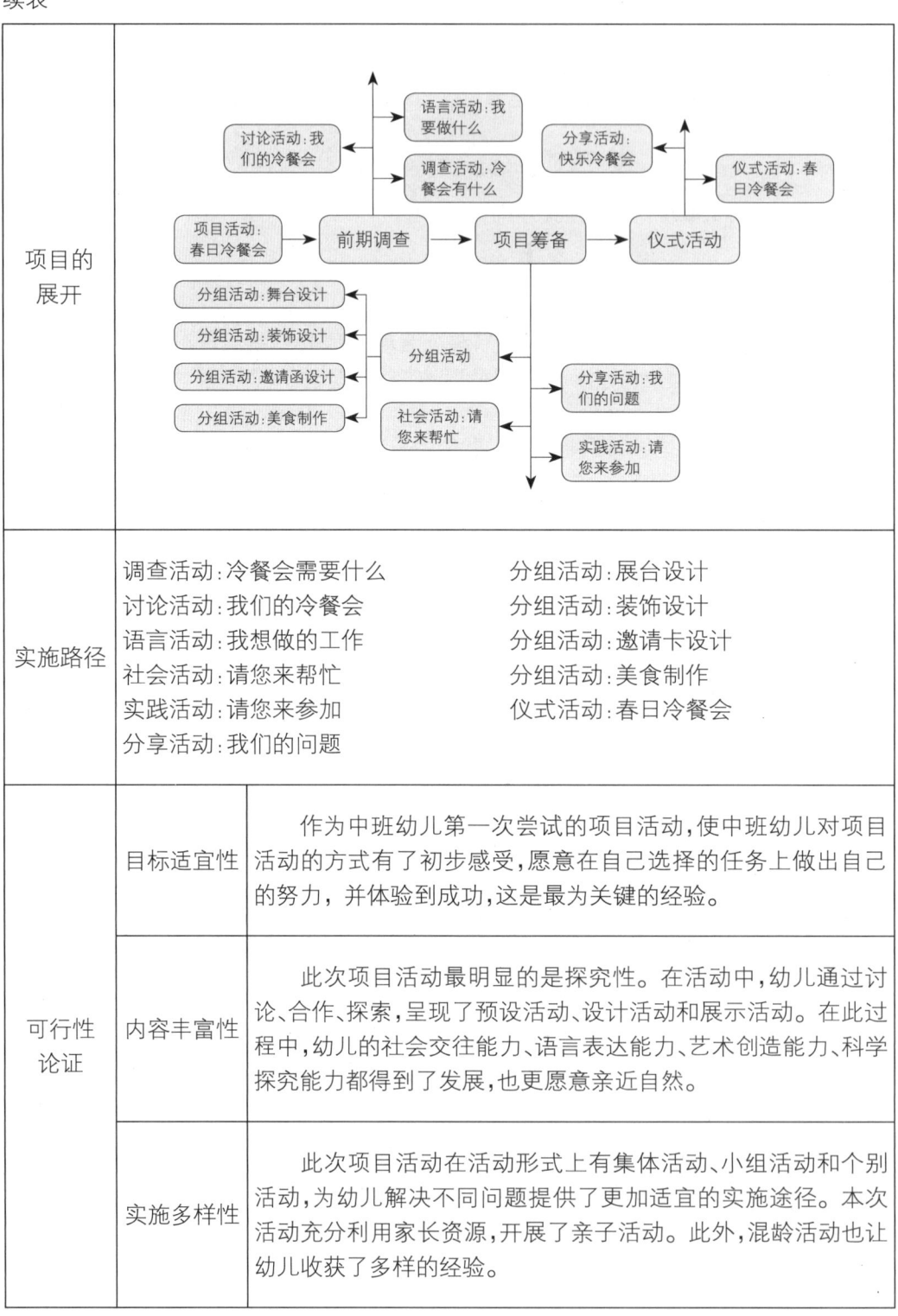	
实施路径	调查活动:冷餐会需要什么 讨论活动:我们的冷餐会 语言活动:我想做的工作 社会活动:请您来帮忙 实践活动:请您来参加 分享活动:我们的问题	分组活动:展台设计 分组活动:装饰设计 分组活动:邀请卡设计 分组活动:美食制作 仪式活动:春日冷餐会
可行性论证	目标适宜性	作为中班幼儿第一次尝试的项目活动,使中班幼儿对项目活动的方式有了初步感受,愿意在自己选择的任务上做出自己的努力,并体验到成功,这是最为关键的经验。
	内容丰富性	此次项目活动最明显的是探究性。在活动中,幼儿通过讨论、合作、探索,呈现了预设活动、设计活动和展示活动。在此过程中,幼儿的社会交往能力、语言表达能力、艺术创造能力、科学探究能力都得到了发展,也更愿意亲近自然。
	实施多样性	此次项目活动在活动形式上有集体活动、小组活动和个别活动,为幼儿解决不同问题提供了更加适宜的实施途径。本次活动充分利用家长资源,开展了亲子活动。此外,混龄活动也让幼儿收获了多样的经验。

幼儿园项目活动审议操作用表（三）

项目活动名称：春日冷餐会

实施反思	目标达成	活动受到了孩子的喜欢和家长的支持。目标达成度高，幼儿不但完成了自己选择的任务，并且在混龄活动中学会了照顾弟弟妹妹。意外的收获是在冷餐会当日，幼儿园有参观的老师，幼儿能大胆邀请老师共同参与，社会交往能力得到了实践。
	活动亮点	该项目活动源于幼儿的一个兴趣点，教师能及时抓住幼儿的兴趣，和他们一起尝试进行一场春日派对。 活动中，教师会以幼儿的兴趣为导向，将幼儿分成若干项目组，还会让幼儿通过商量、小组合作、反思分享的形式来推进项目的进程，使本次活动的目标能够达成，使每个幼儿成为活动的主角。
	存在问题	1. 材料的准备 　　活动中，教师利用家长资源，请幼儿从家里带装饰材料。幼儿都积极响应，从家里带来了各式材料，但装扮时发现所带材料与活动主题并不搭配。 2. 幼儿结对 　　春日冷餐会开展的当天，每个幼儿都邀请了一个弟弟或妹妹和他们一起参加活动。他们帮弟弟妹妹倒茶、选食物等。但部分幼儿缺乏和小年龄幼儿相处的经验，在活动中时常忘记弟弟妹妹，只顾自己活动。 3. 主题回顾 　　在活动结束后，教师没有及时抓住时机，和幼儿进行主题回顾，请幼儿说说自己印象最深刻的活动，并进行反思，这是不足的部分。
活动优化		冷餐会是一个由幼儿发起的项目活动，活动中幼儿从设计、准备到邀请弟弟妹妹和客人老师参与活动，让老师们看到了幼儿的行动能力和执行能力。通过这样一个活动，让幼儿知道了自己能行，知道付出努力就能够为自己、为别人带去快乐。项目活动给予幼儿的是综合能力的培养，在项目活动结束后，我们发现还有很多环节可以进一步优化。 　　对中班幼儿来说，因为本身的表征能力较弱，在制作邀请函遇到较大的困难时，需要教师组织相应的教学活动以丰富幼儿的相关经验。只有在幼儿积累了一定的表征素材以后，他们才具备自主表征的能力，后期可以经常开展类似的活动以提高幼儿的表征能力。

续表

活动优化	在下次项目活动开展前,应提前组织大带小的混龄活动,让幼儿丰富相关经验,提高身为哥哥姐姐的责任意识。在活动结束后,可以尝试让幼儿分享自己的感受。 可在主题进行中与幼儿一同商议想要的装饰主题。主题活动后可以组织幼儿进行活动感受的分享。 这样一个项目活动的成功尝试,让老师们有信心再次进行类似活动,相信幼儿是有能力的探索者和主动学习者。

【幼儿活动】

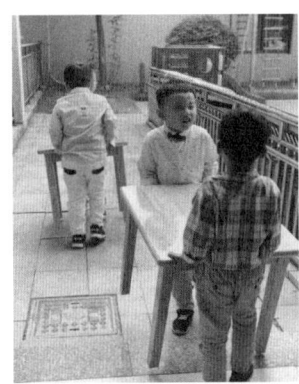 

我们的准备　　　　　　　　我们的邀请

美食与你分享

【课程故事】

与您相约"春日冷餐会"

缘起：

春天，是个充满温暖、满眼绿色、让人满怀希望的季节。幼儿园的春天格外热闹，这里有鸟语花香和天真的孩子，当然还有许多与春天有关的故事、歌曲、舞蹈发生在老师们、孩子们的身边。

故事1：花瓣儿鱼

一个平常的日子，老师讲述着一个平常的故事，当故事到"花瓣儿飘到水面，一沾到水就变成了杏花鱼、桃花鱼、梨花鱼"，我们的春日故事也开始了。

听完故事，孩子们满心欢喜、三五结伴地到幼儿园里寻找各色的花朵。当时幼儿园里正是梨花、樱桃花、海棠花、玉兰花、月季盛开的时节，还有肆意生长的油菜花格外鲜艳，一片片细小的花瓣被收集在了盒子中。回到教室，有的孩子把花瓣按颜色进行分类粘贴，有的孩子随意地摆放粘贴，在孩子们的巧手下，一条条漂亮的"花瓣儿鱼"出现在眼前，孩子们开心地给自己的"小鱼"取名：黄色的油菜花鱼、粉色的月季花鱼、海棠花鱼和白色的梨花鱼。站在这一群"小鱼儿"的面前，孩子们眼里泛着的是惊讶，不断地议论着自己的"小鱼"，闻闻"鱼儿"身上特别的香味，哇，真的还有花香哦！

这时，史历拿起盒子里的一片月季花瓣，起先是闻了闻花瓣，接着是用手指掐了下花瓣告诉我："竺老师，我看见花瓣里面有花汁会出来的。"听了他的说法，我认为这个经验是在日常生活中积累的，也许他尝试过，也许是成人告诉他的。我立马反问："那你觉得每种花瓣都有花汁吗？"他没有马上回答我，只是笑笑。其实，孩子的很多好奇、发现、探求、需求，都与他先前的经验有关，不管这个经验是来自他直接的感受，还是间接的感受，我们的教育行为是要帮助他们用自己的方式来验证这些收集到的信息。抓住这个契机，我与孩子们聊了这个话题，同时也向家长发出了"求助"。

故事2：捣花汁

家长们利用周末和孩子一起采集了各种品种的花，在分享这些花的名字后，我们对于花汁的探索活动开始了。活动中，我们先进行了猜测。这些花都会有花汁吗？花汁的颜色和花瓣的颜色一样吗？带着这些问题，孩子们选择了自己喜欢的一种花，并挑选了班级里他们认为能够成功"捣"出花汁的工具，有乐高积木、实木积木、娃娃家的面包和自己的小手。经过一番努力后，孩子们发现这些工具几乎很少能捣出花汁，刚刚的那种探索劲头突然就没了。这时老师向孩子们介绍了捣臼，让他们感受捣臼的重量和使用的方法。捣花汁再次进行，这次的探索很不一样，在轻轻地敲捶中，棉纸巾上很快出现了斑斑点点的花汁，孩子们迫不及待地与同伴分享，并且选择不同颜色的花瓣尝试。孩子们发现每种花都会有花汁，不过花瓣大点的、厚点的花汁更多，这是孩子们在使用工具后发现的秘密。可是当活动时间慢慢过去，孩子们看到捣出来的花汁的颜色，那种兴奋愉悦似乎又减弱了，因为花汁呈现的颜色都是土黄色的，看上去脏脏的。

故事3：花汁添画

整个活动结束后，这些印染了花汁的棉纸巾就这样静静地躺在班级的一角。几天过去后，老师利用区域活动的时间，建议让这些纸来个大变身。当孩子们看到老师在原有的纸上添画几笔后，出现了一个可爱的小女孩，他们的眼神开始放光亮。孩子们自由挑选了一张纸，开始自由想象，与同伴分享。它像什么？它会是什么？我想把它变成什么？孩子们的兴趣又重新回到了原先的点上。

老师是孩子学习的支持者、合作者，但我们更应该明确自己是孩子学习的引导者。孩子的兴趣可能是稍纵即逝的，可能是心血来潮的，如何让孩子保持着兴趣一直做有价值的探索，这是作为专业的教育者应该思考并要努力用教育行为去支持和实践的。在这个活动中，我们真实地看到了孩子从有兴趣到没有兴趣到又产生兴趣这样一个过程。只有当孩子保有兴趣的时候，他们的小脑袋才会一直运转，他们的疑惑才会不断发生。在添画活动结束后，孩子们围到老师身边说："我刚才闻了闻，我画的风筝是有香味的。""我画的坦克也是有香味的。"

孩子们的话匣子又一次打开了。

史历："花,还可以做香水呢!"

卉歆："我外公还给我吃过鲜花饼呢。"

这一说,似乎让很多的孩子都产生了好奇,那鲜花还能做什么好吃的呢? 鲜花果冻、鲜花饼干、花茶……议论的点开始多了,这时候老师建议说,要么我们就来一场"春日冷餐会"吧。

故事4:我们是小主人

做一场怎么样的"春日冷餐会"呢? 先来听听孩子们的想法吧,孩子们说要有个大蛋糕,有漂亮的吃的地方、很多好吃的东西,穿好看的裙子,还有孩子说:"老师,我想让我的妈妈也一起来参加……"最后孩子们提出要为小班弟弟妹妹组织一场"春日冷餐会"。从孩子们的想法中老师发现:孩子们对于这样的派对是有一定生活经验的,知道要有场地、美食,还要有参加的人员,同时孩子们对于这样的派对也是充满期待的。为了满足幼儿的兴趣,尝试着进行一场孩子们期待的春日派对,与孩子一起来"冒险"一次也未尝不可。

既然要开一个派对就有很多的任务,孩子们七嘴八舌地开始议论想承担什么工作,甚至争抢一些工作。最后我们通过幼儿自选、同伴认可完成了派对前期准备工作的任务认领。

孩子们根据自己的喜好,分别加入了彩旗设计组、桌台设计组、风铃设计组、卡片制作组。摆放食物的台子,我们该做成什么样子呢? 孩子们用表征的方式拿出摆台设计,最后孩子们选择几个比较喜欢的设计,并由设计者表达自己的设计想法,听完设计者的介绍后,组织了第二轮投票,以得票最高的那个设计作为班级的摆台原图。在这一集体活动中,我们看到了孩子们能将想法通过表征呈现,并用语言连贯描述以及最后尊重他人的想法,认可同伴的创意,在这个过程中,孩子是有独立思想的。

在准备中,彩旗设计组的孩子,运用了前期数学活动中的序列装饰;风铃设计组的孩子,在制作了树叶风铃后,看到我们美工区有贝壳,他们进行了贝壳风铃的制作。在准备的过程中，幼儿遇到了很多困难，由于制作风铃的贝壳粘贴不方便，他们屡遭失败，但是一直不放弃；桌台设计组，根据投票结果，我们需要一张白底黑格子的桌布，因为班级里没有，他们就主动向园长借了需要的物品，孩子们会用自己的方式来解决问题，坚持完成任务是这个活动带给他们最大的收获。

故事5：春日冷餐会

经过了一星期的准备，举行冷餐会的时间终于到了，好多女孩子穿上了漂亮的裙子，就像白雪公主一样，男孩子穿上了小马甲，像个小绅士，上午孩子们迫不及待开始布置冷餐会的场地。有的孩子吹气球，一开始孩子们费了好大的力气都没有吹大气球，嘴巴一离开，吹大的气球就瘪了，经过几次，有的孩子去求助老师，有的开始互相帮忙，气球也越吹越大，他们把气球高高挂在了滑梯上；有的孩子和老师一起在生活馆里制作花型小饼干；有的孩子认真地切香蕉、剥橘子，摆出了好看的水果拼盘。下午，孩子们牵着小班弟弟妹妹的手，还把自己亲手画的头饰戴在了他们的头上，做服务员的小朋友特别热情地问小弟弟想喝什么。有的孩子不停地问自己结对的小弟弟或小妹妹想吃什么，一会儿取水果，一会儿拿饼干，然后笑眯眯地站在旁边看着他们。此时操场上充满了温暖的味道。

总结与反思：

这个项目活动从幼儿兴趣中生成，在陪伴中班孩子准备的这个过程中，我们看到了幼儿在完成任务时的坚持、思考和努力，看到了幼儿在活动中的表现和成长，也让我们自己看到了这个项目对于幼儿的教育价值。这样的项目活动能够发展幼儿的综合能力，他们需要运用语言和绘画表达自己的创意，获得同伴的认可，他们需要根据自己的能力和爱好做出选择，他们需要和同伴合作共同完成小组的任务，他们需要学会向成人求助。幼儿有的化身甜点准备师，有的化身大力水手，有的则是冷餐会的小厨师，很多幼儿最终成为一个称职的哥哥姐姐，他们学会了照顾弟弟妹妹，他们在活动中的表现一次次带给我们惊喜，很多时候我们需要给他们大胆尝试的机会，而教师能做的就是不断支持和适时介入。

项目活动源于幼儿的一个兴趣点,需要老师的教育智慧去发现;如何让它成为大家共同有兴趣的活动,需要教师的教育智慧去推动;也许在活动中还有很多遗憾,但我们依旧相信只要我们肯放手,愿意去尝试,愿意信任幼儿,从中获得成长的不仅仅是幼儿,还有我们教师。

五、大班主题活动"我们的树朋友"

宁波市海曙区气象路幼儿园　彭晓梦

幼儿园主题活动前期审议调研用表

大主题名称：秋天多美好

子主题名称：我们的树朋友

主题来源分析	幼儿兴趣和需要	进入深秋，幼儿园的树木开始出现各种各样的变化。幼儿走在马路上，或者在户外活动时，地上总会有很多落叶，有的绿，有的黄，有的会飘落在幼儿的头上、身上，有些树上只剩下了光光的树枝，这些变化常常会引发幼儿提问：为什么有些树不落叶？树木到底怎么过冬？这些问题引发了幼儿想对幼儿园里的树展开进一步探究的欲望。
	课程资源	自然资源：幼儿园内有一片小树林，有许多品种的树；路旁随处可见的有很多树木 文本资源：绘本馆有许多关于秋天、树木的绘本，如《风中的树叶》《一片树叶落下来》《奇妙的树世界》 网络资源：视频《树的成长》
	主题价值	幼儿园里丰富的自然资源能让幼儿通过观察、触摸、记录等方式对树木进行阶段性的深度探究，并获得关于植物的外形特征、生长变化、生命周期和植物多样性的科学知识，引发幼儿关注大自然变化的兴趣。同时随着季节的变化，树木所面临的过冬问题有利于幼儿了解树木和季节之间的关系，并能通过树朋友的活动形式，帮助幼儿建立人和自然的关系，萌发亲近自然、爱护环境的积极情感。

续表

原主题目标	1. 认识秋天的树,了解几种常见树的名称,了解树的外形特征,感知自然界树的多样性 2. 观察树的落叶现象,知道树有常绿树和落叶树之分 3. 了解树的用途以及与人类的关系,萌发初步的环保意识 4. 感受秋天树的美丽,在多种艺术活动中,表达自己的感受与理解
调整目标	1. 了解几种常见树的名称、外形特征,发现树落叶的现象,感知常绿树和落叶树的不同特征,对树产生兴趣 2. 了解树的用途以及与人类的关系,萌发初步的环保意识 3. 感受秋天树叶的美丽,在多种艺术活动中,表达自己的感受与理解
调整理由和依据	目标调整是依据《3—6儿童学习与发展指南》中的科学领域目标指出"能察觉出植物的外形特征、习性与生存环境的适应关系"来进行的。 教师将原主题目标1、2进行合并,是因为它们都属于认知目标,旨在引导幼儿认识、了解秋天的树的外形特征、落叶情况以及多样性。

附:1. 幼儿经验调查表

我们的 树朋友调查表

我认识的 树(用 拍照或 画画的形式表现树的外形,并写下它的名字)	
我认识的 树叶(○圈出你认识的 树叶,或画出你认识的其他 树叶)	
树是怎么过冬的(用绘画的方式)	
关于 树,我还想知道	

2. 统计分析表

幼儿经验调查结果分析

项目	内容	分析
幼儿原有的相关经验	1. 幼儿认识一些有明显特征的树：银杏树、桂花树、广玉兰树 2. 一半幼儿能够根据图片辨认出多种树叶：香樟树树叶、梧桐树树叶、桂花树树叶、枫树树叶、银杏树树叶、广玉兰树树叶 3. 知道树是通过以下几种方式过冬的：掉叶子过冬；人们给它涂白颜料过冬；穿厚衣服过冬	幼儿通过绘画、拍照的形式呈现了多种树木，其中银杏树、桂花树、广玉兰树，这三种树有花、有叶，因为幼儿园里和门口人行道上都有种植，小朋友基本都认识。 　　幼儿通过网络查找、询问父母等多种方式了解并辨认出了图中的多种树叶。
幼儿未知的相关经验	1. 对于树木过冬的方式了解较少 2. 对常绿树和落叶树的概念不清晰，对树叶的颜色和形状感兴趣 3. 对树的种类了解较少	多数幼儿能说出树木是通过落叶或是在人类的帮助下过冬的。幼儿能够观察到树在掉叶子，但大部分幼儿不清楚树分为常绿树和落叶树，对于常绿树也会有落叶不太了解。 　　由于成人平时没有向幼儿有意识地介绍周围的树，导致幼儿了解的树的种类很少。幼儿知道的都是比较常见的、有特色的几种树。
幼儿面临的挑战	幼儿探索树木秘密的过程较多放在教室外进行，在这个非集体教学的环境中，幼儿能够习得的是他们直接感知、亲身体验和实际操作所得的知识。幼儿自身所具有的记录能力、发现能力、探索能力会很大程度地影响到他们所获得的知识。	

幼儿园主题活动前期审议预设用表

大主题名称：秋天多美好

子主题名称：我们的树朋友

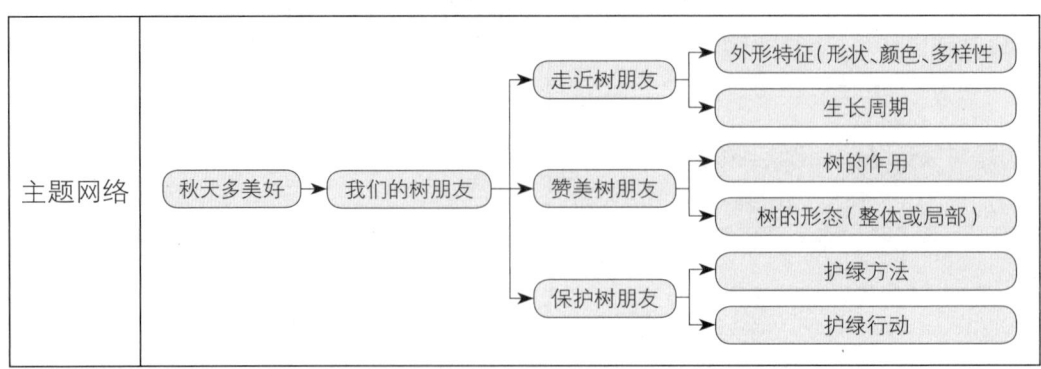

续表

情境脉络	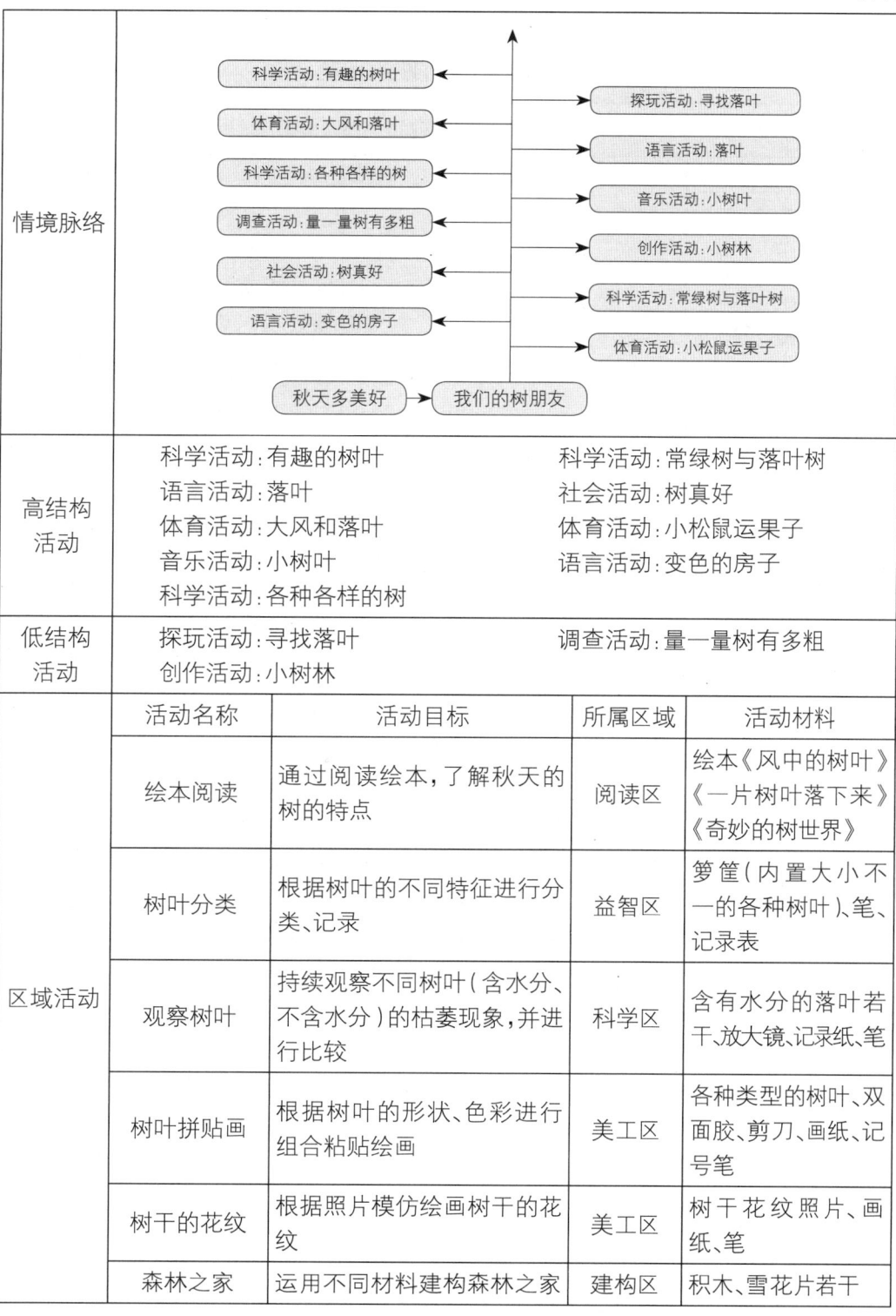			
高结构活动	科学活动:有趣的树叶 语言活动:落叶 体育活动:大风和落叶 音乐活动:小树叶 科学活动:各种各样的树		科学活动:常绿树与落叶树 社会活动:树真好 体育活动:小松鼠运果子 语言活动:变色的房子	
低结构活动	探玩活动:寻找落叶 创作活动:小树林		调查活动:量一量树有多粗	
区域活动	活动名称	活动目标	所属区域	活动材料
	绘本阅读	通过阅读绘本,了解秋天的树的特点	阅读区	绘本《风中的树叶》《一片树叶落下来》《奇妙的树世界》
	树叶分类	根据树叶的不同特征进行分类、记录	益智区	箩筐(内置大小不一的各种树叶)、笔、记录表
	观察树叶	持续观察不同树叶(含水分、不含水分)的枯萎现象,并进行比较	科学区	含有水分的落叶若干、放大镜、记录纸、笔
	树叶拼贴画	根据树叶的形状、色彩进行组合粘贴绘画	美工区	各种类型的树叶、双面胶、剪刀、画纸、记号笔
	树干的花纹	根据照片模仿绘画树干的花纹	美工区	树干花纹照片、画纸、笔
	森林之家	运用不同材料建构森林之家	建构区	积木、雪花片若干

幼儿园主题活动前期审议论证用表

大主题名称:秋天多美好

子主题名称:我们的树朋友

主题目标论证		
论证内容	具体表述	论证结果
知识和能力	了解几种常见树的名称、外形特征	结合《3—6岁儿童学习与发展指南》中科学领域、艺术领域针对大班幼儿发展目标的建议,主题"我们的树朋友"可以帮助幼儿获取或重构新经验。 科学领域的科探探究中指出:能察觉出植物的外形特征、习性与生存环境的适应关系;能对事物或现象进行观察比较,发现其相同与不同;能通过观察、比较与分析,发现并描述不同物体的特征或某个事物前后的变化。 科学领域的情感态度中有描述:初步了解人们的生活和自然环境的密切关系,知道尊重和珍惜生命,保护环境。 艺术领域的表达表现中提到:能用多种工具、材料或不同的表现手法表达自己的感受和想象。
过程和方法	发现树的落叶现象,感知常绿树和落叶树的不同特征,感受秋天树的美丽,在多种艺术活动中,表达自己的感受与理解	
情感态度和价值观	对自然界树、树叶的多样性产生兴趣,了解树的用途、树与人类的关系,萌发初步的环保意识	

主题实施路径论证	
论证内容	活动数量
高结构活动	9个
低结构活动	3个
区域活动	6个

续表

活动内容论证			
活动样态	活动名称	生活性(√)	游戏性(√)
高结构活动	科学活动:有趣的树叶	√	√
	语言活动:落叶		√
	体育活动:大风和落叶		√
	音乐活动:小树叶		√
	科学活动:各种各样的树	√	
	科学活动:常绿树与落叶树	√	
	社会活动:树真好	√	
	体育活动:小松树运果子		√
	语言活动:变色的房子		√
低结构活动	探玩活动:寻找落叶	√	√
	创作活动:小树林		√
	调查活动:量一量树有多粗	√	√
论证分析			
本主题主要指向科学领域,各领域活动均衡,不仅注重主题活动中知识的获取,更注重幼儿自发的探究行为。本主题里有多样态的低结构活动,让幼儿走进自然,在自然中与树朋友亲密接触。			

幼儿园主题活动中期审议操作用表(一)

大主题名称:秋天多美好
子主题名称:我们的树朋友

前期回顾	幼儿兴趣和挑战	常绿树和落叶树开展后,幼儿利用课上所学去观察幼儿园内的树,但是当前的季节气温变化不大,并不能让幼儿通过肉眼看到的黄和绿来判断眼前的这棵树是常绿树还是落叶树。在实际应用上,幼儿产生了困惑。为解决幼儿在实践中产生的困惑,教师带领幼儿进行了实地探究。让幼儿通过摸一摸、看一看、闻一闻,充分用上自己所学的知识、经验感官来辨别常绿树与落叶树。为了验证自己的猜测,幼儿想出各种办法,最后决定每人认领一棵树朋友,每周去观察它来验证它是常绿树还是落叶树。在活动中幼儿会主动观察、分析记录,在一段过程中锻炼自己的科学探究能力。

续表

预设路径和策略评估	集体教学	科学活动：有趣的树叶 　　教师提供各种各样的树叶让幼儿感知树叶的大小、形状、颜色、厚薄，然后再说说自己最喜欢的叶子。在这个过程中，幼儿对于叶子的一些特征有了具体的了解，他们还尝试自己思考，将叶子分类。在此基础上，教师和幼儿一起了解树叶的组成，达成活动目标。 语言活动：落叶 　　活动目标基本达成，活动中幼儿学会了诗歌《落叶》，还能积极发挥想象，仿编诗歌。对于诗歌中提到的一些场景，教师将带着幼儿去实地感受，体会诗歌的美。 科学活动：各种各样的树 　　活动中，教师引导幼儿从树的落叶这一明显变化来描述秋天的树。因为幼儿对树的名称了解较少，教师带领幼儿实地到小树林进行参观认识各种各样的树木并进行游戏。 科学活动：常绿树与落叶树 　　本次活动的目的是让幼儿了解常绿树和落叶树的特征。教师发现当下植物表现出来的季节特征并不能让幼儿一目了然地知道面前的植物是常绿树还是落叶树，无法达成预设目标。因此，为使幼儿能通过直接感知、亲身体验、实际操作，教师增加了其他的活动来达成这一目标。
	区域活动	阅读区：《风中的树叶》《一片树叶落下来》《奇妙的树世界》 　　进入阅读区的幼儿有意识地选取绘本进行阅读，阅读兴趣较高，其中《一片树叶落下来》是最受幼儿喜欢的绘本。教师发现幼儿在散步时会有意识地关注树叶飘落下来的场景并模仿。 益智区：树叶分类 　　教师提供了不同颜色、大小、形状的树叶，幼儿能够根据树叶的不同特征进行分类，但缺少二次分类的功能，幼儿兴趣度一般。 科学区：观察树叶 　　幼儿兴趣度较高，教师投放了许多不同的树叶（含水分和不含水分），有些幼儿会坚持每天去看一看，并对树叶进行感知触摸。幼儿发现有些树叶一下就干枯烂掉了，有些树叶还非常绿，幼儿记录了自己的发现，还尝试用各种物品挤出树叶里面的汁液。 美工区：树叶拼贴画 　　幼儿有进行拼贴画的基础，能够根据图示进行拼贴，兴趣度较高。还有幼儿根据树叶的形状创作出不同的作品。后期教师有意识地带幼儿去捡特别的叶子，激发幼儿的创作想法。

续表

预设路径和策略评估	区域活动	美工区:树干的花纹 　　教师提供了很多的花纹图片,较少幼儿主动进行模仿绘画,幼儿兴趣度一般。中期教师带幼儿去小树林实地绘画了树干的花纹,幼儿的兴趣度有所提高。 建构区:森林之家 　　幼儿会用雪花片和积木建构森林,还有幼儿将小动物放进搭建好的森林之家,进行一些游戏活动,游戏兴趣较高。
	其他	家长可以通过周末闲暇时光带领幼儿去公园游玩,利用网络了解公园中的树(外貌、名字、类型等)。

幼儿园主题活动中期审议操作用表（二）

大主题名称:秋天多美好
子主题名称:我们的树朋友

调整优化	分析资源	环境资源:幼儿园内有一片小树林,教师挑选常绿树、落叶树各3种,方便幼儿对比观察 人力资源:班级里有家长了解如何帮助大树过冬,可以帮助幼儿操作 园内资源:绘本馆里有许多关于秋天、树木的绘本《风中的树叶》《一片树叶落下来》 网络资源:视频《树的成长》
	增加内容	参观活动:参观小树林 仪式活动:认领我的树朋友 制作活动:树朋友写生 创作活动:树叶报告 科学活动:猜想大揭秘 实践活动:树朋友过冬 美工区:树叶拓印 生活区:树朋友过冬准备 阅读区:绘本《树叶》

127

续表

调整优化	重构脉络	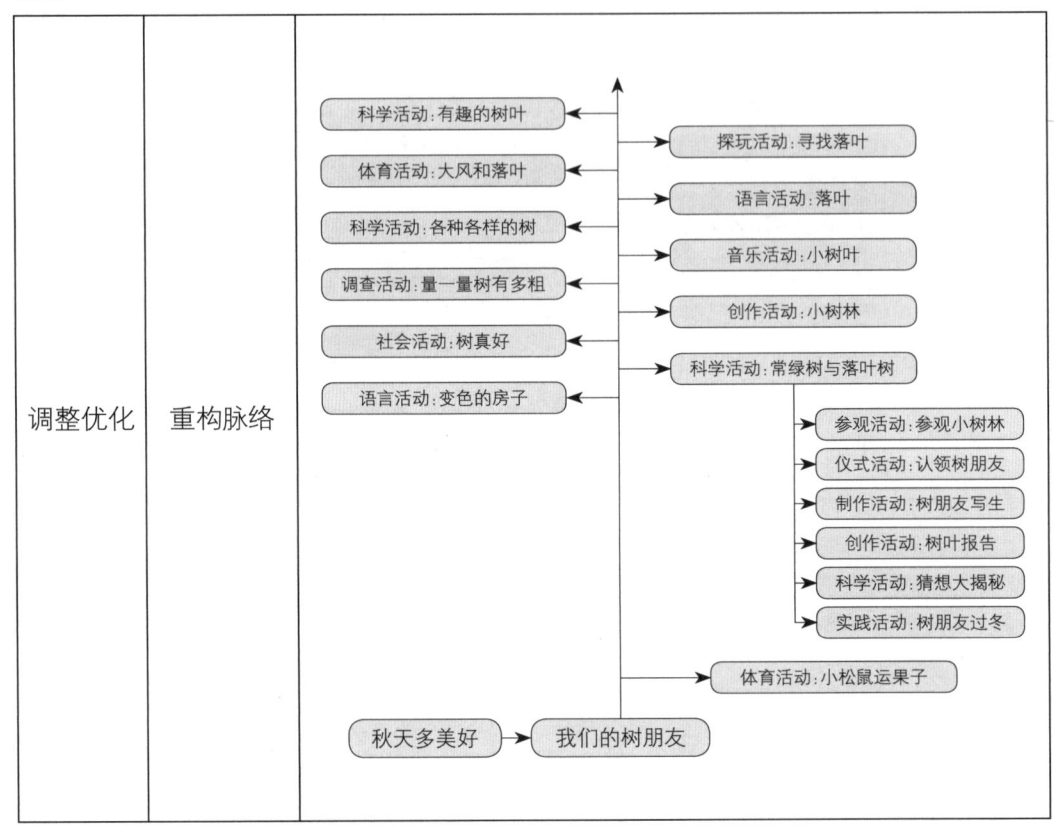

幼儿园主题活动后期审议操作用表(一)

大主题名称:秋天多美好
子主题名称:我们的树朋友

主题回顾	目标达成	目标1达成度较高。在本次主题活动中,幼儿认识了幼儿园内的香樟、广玉兰、晚樱等常见树,通过实践了解了这些树的树干是不同的,通过观察、拓印了解了树叶的颜色、形状、脉络等特性。同时,幼儿通过写生、观察活动了解了常绿树的树叶是绿色的、厚厚的,不容易掉落。 目标2达成度高。在多种艺术活动中,幼儿能够表达自己的感受。幼儿通过语言活动"落叶",表达了自己对秋天的树的情感;通过音乐活动"小树叶"表达了对树叶"离开妈妈"的感怀;通过创作活动"小树叶",认识了秋天的树,用肢体语言表现了树叶飘落的样子。

续表

主题回顾	目标达成	目标3基本达成。在社会活动"树真好"中,幼儿了解了树会给人们带来很多好处;在实践活动"树朋友过冬"中,了解了树木过冬的方式,并尝试帮助树过冬。幼儿了解了树与人类的关系,萌发了初步的环保意识。 目标4基本达成。通过长期的写生活动,幼儿能分辨出常绿树和落叶树。大部分幼儿的任务意识比较强,会主动观察、记录自己的树朋友,小部分幼儿仍需教师提醒,任务意识较弱。
	实施亮点	本次主题活动充分考虑了幼儿的实际需求和当下的生活资源,将活动的场地从教室转移到了大自然中,让幼儿在自然中写生、观察,解决遇到的实际问题。而且,活动的样态丰富,低结构的长期写生活动、实践活动一直贯穿始终。
	存在问题	本次主题活动开展时是初秋,秋天的氛围还不明显,所以幼儿在辨别常绿树和落叶树时产生了较大问题。后期开展类似活动,可将开展时间放在秋末冬初,便于幼儿观察。
评价实证	幼儿主题经验检核结果分析	经验检核表显示,本次活动的各指标达成率较高,涵盖了4大领域。幼儿兴趣浓厚,愿意参加,还能积极表达自己的发现、乐意提问并寻找答案。 其中,科学活动"常绿树与落叶树"开展后,近一半幼儿需要在教师的引导下才能分辨常绿树与落叶树。主题结束后,所有幼儿都能说出常绿树和落叶树的区别以及区分方法。
	家长反馈结果分析	家长反馈,幼儿对身边的树木更加关注了,在生活中会有意识地向家长介绍自己知道的树木名称、种类等,观察事物也更加细致了。
	教师评价反思	子主题"我们的树朋友"是基于幼儿的现有经验产生的,是根据什么样的树是常绿树或落叶树这一问题,而衍生拓展的主题活动。 在活动结束后,回顾整个活动发现还是有很多不足的地方。教师本身缺乏对树木的全面了解,只是通过网络来了解需要的知识,在教授幼儿时就缺乏了主动性。在之后的主题活动前需要做好充分的准备工作。另一个是教育的智慧,主题活动中的写生活动长达两个月,除个别幼儿外,其他幼儿或多或少出现了厌烦情绪,教师没有很好地处理。应该在幼儿出现其他情绪时进行引导,带领幼儿发现写生中的其他乐趣,再次激发他们的兴趣。这是此次活动的最大不足。

幼儿园主题活动后期审议操作用表(二)

大主题名称：秋天多美好

子主题名称：我们的树朋友

目标调整		1. 了解几种常见树的名称、外形特征,发现树的落叶现象,感知常绿树和落叶树的不同特征,对自然界的树的多样性产生兴趣 2. 感受秋天树的美丽,在多种艺术活动中,表达自己的感受与理解 3. 了解树的用途和树与人类的关系,萌发初步的环保意识 4. 能通过写生、观察的方式验证树的类别,提升任务意识和坚持性			
实施路径	高结构活动	科学活动：有趣的树叶 语言活动：落叶 体育活动：大风和落叶 音乐活动：小树叶 科学活动：各种各样的树		科学活动：常绿树与落叶树 科学活动：猜想大揭秘 社会活动：树真好 体育活动：小松鼠运果子 语言活动：变色的房子	
实施路径	低结构活动	探玩活动：寻找落叶 创作活动：小树林 调查活动：量一量树有多粗 参观活动：参观小树林		仪式活动：认领我的树朋友 制作活动：树朋友写生 创作活动：树叶报告 实践活动：树朋友过冬	
实施路径	区域活动	活动名称	活动目标	所属区域	活动材料
		绘本阅读	通过阅读绘本,了解秋天的树的特点	阅读区	绘本《风中的树叶》《一片树叶落下来》《奇妙的树世界》
		树叶分类	根据树叶的不同特征进行分类、记录	益智区	箩筐(内置大小不一的各种树叶)、笔、记录表
		观察树叶	持续观察不同树叶(含水分、不含水分)的枯萎现象,进行比较	科学区	含有水分的落叶若干、放大镜、记录纸、笔
		树叶拼贴画	根据树叶的形状、色彩进行组合粘贴绘画	美工区	各种类型的树叶、双面胶、剪刀、画纸、记号笔
		树干的花纹	根据照片模仿绘画树干的花纹	美工区	树干花纹照片、画纸、笔
		森林之家	运用不同材料建构森林之家	建构区	积木、雪花片若干

续表

		活动名称	活动目标	所属区域	活动材料
实施路径	区域活动	树木写生	愿意主动外出观察并记录树朋友的现状	美工区	画架、画板、笔
		树朋友过冬准备	主动收集树朋友过冬的衣物（麻袋、塑料袋、布等）	生活区	收纳箩筐
		树叶拓印	能够运用斜画法拓印出树叶的纹路	美工区	彩色铅笔、白纸、树叶

幼儿园主题活动后期审议操作用表（三）

大主题名称：秋天多美好
子主题名称：我们的树朋友

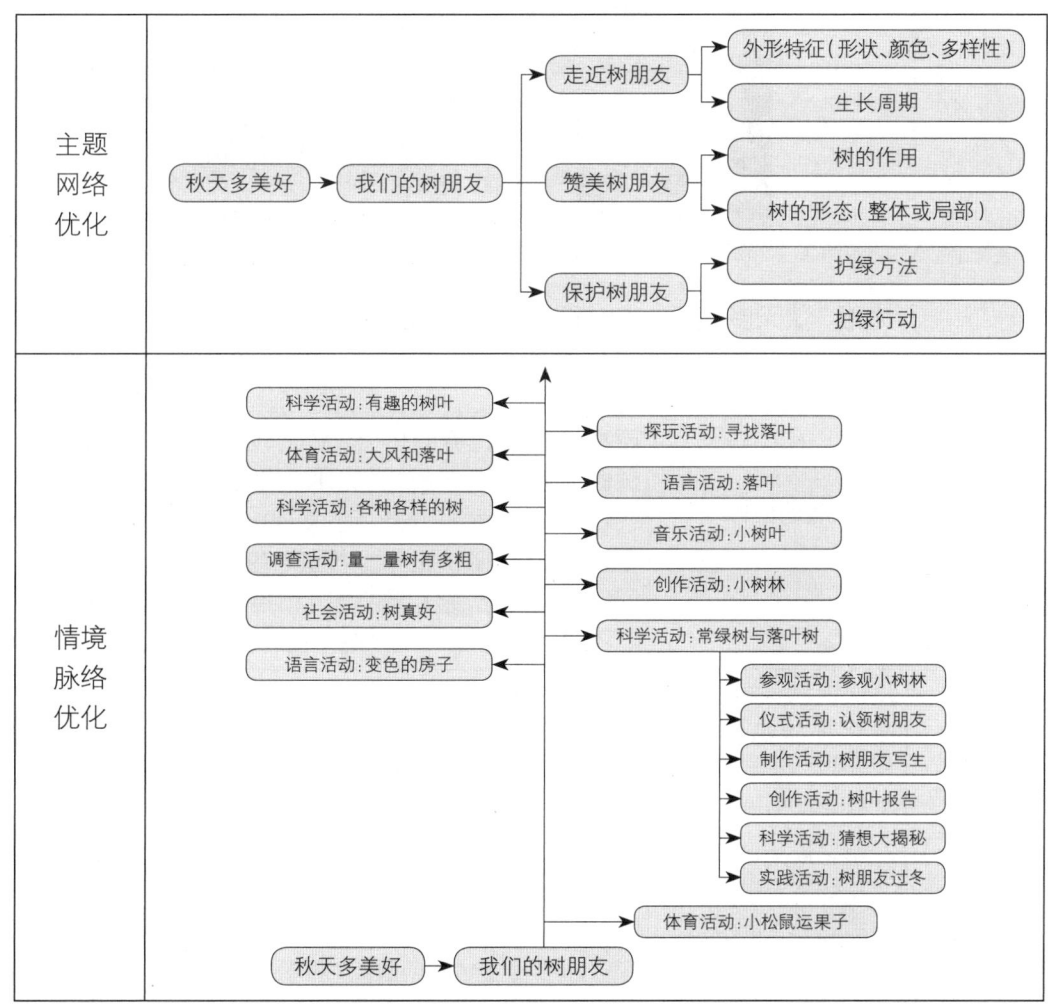

续表

主题墙参考	

大班"秋天多美好"主题背景下集体教学目标支撑度分析

活动名称	活动目标	主题目标		
		愿意选择自己喜欢的树做深度探究,了解树的名称和主要特征,并在探索中发现秋天不同树木的变化,感知自然界树的多样性	观察比较不同树木之间的差别,发现树的落叶现象,感知常绿树和落叶树的不同特征	感受秋天树叶的美丽,在多种艺术活动中,表达自己的感受与理解
科学活动:各种各样的树	1. 认识秋天的树,知道几种常见树的名称,感受树与季节发生着同步的变化 2. 学习用简单的图示记录自己发现的树的不同特征,感受树的多样性	★★★	★	★★

续表

活动名称	活动目标	主题目标		
		愿意选择自己喜欢的树做深度探究,了解树的名称和主要特征,并在探索中发现秋天不同树木的变化,感知自然界树的多样性	观察比较不同树木之间的差别,发现树的落叶现象,感知常绿树和落叶树的不同特征	感受秋天树叶的美丽,在多种艺术活动中,表达自己的感受与理解
社会活动:树真好	1. 了解树能净化空气,美化环境的作用,知道人与树之间的关系 2. 萌发爱护树木的情感	★	★	★★★
美术活动:小树林	1. 感知树木的远近关系,用近大远小及遮挡的画法表现小树林 2. 大胆运用多种方式表现不同树的树叶、树干、树冠	★★	★	★★★
语言活动:落叶	1. 理解散文内容,感受秋天叶落的优美意境 2. 有感情地朗诵散文诗并尝试散文诗句式仿编诗歌 3. 初步产生热爱大自然的情感	★	★	★★

说明:集体教学目标和主题目标对接,支撑度高的为★★★,支撑度中的为★★,支撑度低的为★(支撑度为活动目标与主题目标的关联程度)。

大班"我们的树朋友"主题幼儿经验检核表

一级指标	二级指标	检核内容	检核标准	集体教学（区域活动）	幼儿人数与学号（按实际人数填写）
会玩亲和	运动与健行	跑步动作	1.能根据信号，自主改变跑步速度 2.能在老师的引导下，根据信号改变运动速度 3.对教师的信号不敏感，教师提醒也无法变速跑	体育游戏：大风与落叶	A（11）：1、3、5、7、8、13、15、17、19、22、25 B（15）：2、4、6、9、10、11、12、14、16、18、20、21、23、24、26 C（0）
会玩亲和	创造与表达	绘画	1.能自主绘画树朋友的外形特征，且树的结构完整 2.在老师的指导下绘画树朋友的外形特征 3.在老师的指导下绘画树朋友的外形特征	美术游戏：我的树朋友	A（11）：1、4、5、8、13、15、17、18、20、22、24 B（13）：2、6、7、9、10、11、12、14、16、21、23、25、26 C（2）3、19
会玩亲和	亲善与交往	亲社会行为	1.能自主表达树对人类的作用 2.在老师的引导下表达树对人类的作用 3.不愿意表达树对人类的作用	社会活动：树真好	A（14）：1、2、5、7、9、11、12、15、17、18、22、23、24 B（10）：4、6、10、13、14、16、19、20、21 C（2）：3、8
乐学善思	兴趣与体验	探究兴趣	1.对树朋友产生探究兴趣，主动了解树朋友 2.在老师的引导下了解树朋友 3.对树朋友没有兴趣	科学活动：拜访树朋友	A（13）：1、2、3、5、7、9、11、12、15、17、18、22、23、24 B（9）：4、6、8、10、13、14、19、20、21、25、26 C（1）：16
乐学善思	探究与发现	比较分析	1.能自主辨别常绿树和落叶树 2.能在老师的引导下辨别常绿树和落叶树 3.辨别不出常绿树和落叶树	科学活动：常绿树和落叶树	A（13）：1、2、4、5、7、8、13、14、16、18、22、23、25 B（10）：6、10、11、12、15、17、20、21、24、26 C（3）：3、9、19

【幼儿活动】

我和树儿做朋友

大树写生

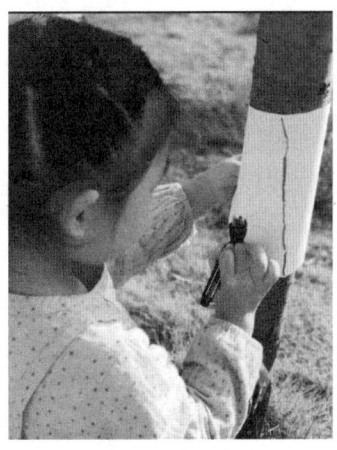
大树的花纹

大树过冬

【课程故事】

我和我的树朋友

缘起：

"秋天多美好"是省编教材中的一个预设主题。随着秋天季节特征越来越明显，活动也行进到子主题"我们的树朋友"，在科学活动"常绿树与落叶树"中，老师根据预设的集体活动方案，通过图片引出、提出概念、幼儿分类、梳理小结尝试让幼儿了解常绿树和落叶树的特征。

然而,在孩子们的对话中,发现季节和气温变化不那么明显的时候,当下植物表现出来的季节特征并没有明显到可以让孩子一下子查觉,加上日常生活中,孩子很少能够走进大自然,以至于他们无法敏锐地发现身边大自然的变化。让孩子们亲近大自然最好的办法就是和大自然成为朋友。

故事1:树朋友的猜想

为了让孩子们更好地了解常绿树和落叶树,老师有目的地在幼儿园内挑选了3棵常绿树和3棵落叶树。

老师和孩子们在小树林玩耍时,老师提问:"猜猜看,幼儿园里这些树中哪些是常绿树,哪些是落叶树?说说你的理由。"

多多说:"我觉得广玉兰树是常绿树,它的叶子还有很多。"

"我觉得晚樱树是落叶树,"贝贝说,"它的叶子颜色很黄,也很少了。"

静颖说:"我也觉得晚樱是落叶树,小山坡已经堆积了很多的落叶,都是从它的身上掉落的。"

……

教师提出了疑问:"小朋友猜的都对吗?有什么办法验证吗?"

单唯说:"冬天就知道了,我们等冬天去看,就知道谁是落叶树谁是常绿树了。"

多多不同意:"那太久了,我们每周去看一次吧!"

"要不,我们每个人认领一棵树朋友,每周专门观察它吧!""好!"孩子们一致同意。

故事2:我的树朋友

第二天,我们带着孩子们一起下楼,寻找昨天自己猜测的树木。"选择一棵你喜欢的树作为你的树朋友"老师一声令下,孩子们欢快地跑到自己选择的树朋友面前,摸摸树朋友,和树朋友抱一抱,最后拍照为证。

在寻找树朋友的位置时,孩子们对于幼儿园的空间方位有了更多的了解,会用方位词和目测距离的方法,并出现同伴间彼此协助的合作行为。认领幼儿园里的一棵树,更多的是让树木成为孩子们的好朋友。

故事3:树叶报告(拓印)

在猜测认领树朋友之后,孩子们还进行了一系列的活动。

一天午后散步,老师带领孩子们在操场捡了好多种类的落叶,大家一起将它们带回了班级。

"你最喜欢哪片树叶,它哪里特别?"

钦荣指着红色的叶子说:"这片红色的,它颜色很特别,叶子边上还是锯齿形的。"

乐乐说:"我觉得这片最特别,它上面有两个洞,可能被虫吃了。"

"那我们来为你觉得特别的树叶做一份树叶报告吧,选择一片特别的树叶,把它的样子画下来,在它的周围用箭头表示出其特别的地方,比如颜色、边缘、摸起来的感觉。"

孩子们再次来到操场,挑选他们喜欢的、特别的树叶,将它们制作成了关于树叶的报告,并用语言进行了陈述。老师将分享的过程录制下来生成二维码,让幼儿可以随时回看自己的成果,也可以看同伴的,家长也可以随时看到每个孩子的报告。

故事4:树干的花纹

了解了树叶后,在给树朋友第一次写生记录的时候,孩子们发现原来不同树的树皮都是不一样的。

"树干的花纹都一样吗?"孩子们马上回答:"不一样。"

一一说:"我看到有些树干的花纹像眼睛。"

"真特别,"老师点点头,"你还在树干上见过什么样的花纹?"

陶琦说:"我看到树上有虚线一样的花纹。"

耀耀也说:"我看到有凹进去的圆形的洞,摸起来糙糙的。"

"那,你们的树朋友身上会是什么样的花纹?让我们一起去看看吧。"老师说道。

孩子们带上作画工具,来到树朋友身边。

"老师,树朋友的花纹都不一样。""我的是圆形的。""我的树朋友的花纹像眼睛。"他们把观察到的花纹用绘画的方式记录了下来。

故事 5:为我的树朋友写生

每周三下午,孩子们都会主动带好绘画工具,一同来到操场,给自己的树朋友画一张写生画。每次绘画都会有新的发现。

"我的树朋友的叶子越来越少了,会不会下个星期都没了?"

"桂花树还是一样茂盛,它一定是常绿树。"

"一开始枫树还是绿色的,上周枫树的叶子就变成红色的了,这个星期树上已经没多少叶子了,它一定是落叶树。"

就这样一周又一周,孩子们持续写生了一个多月,写生纸记录了他们的树朋友一天天的变化。

总结与反思:

"我们的树朋友"主题结束了,但是每周孩子们对于树朋友的观察记录还在进行着,随着天气渐渐变冷,孩子们的猜测在持续观察中得到了验证,事实告诉了他们答案。在幼儿园里,我们终于用自己的行动了解了每天可见的树朋友。

伴随着主题行进,孩子们从对于常绿树、落叶树的认知缺乏、经验冲突到分析猜测、感知探索,最后实践学习、获得经验。在这样的深度学习中,获得的不仅仅是新的经验,更多的是对科学探究的兴趣,对生活中发生的现象的探究欲望,这就是我们课程的最根本目标。在持续的观察中,孩子们的责任感、任务意识以及坚持性等优秀的品质都得到了提升。

六、大班项目活动"远足"

宁波市海曙区气象路幼儿园　竺园

幼儿园项目活动审议操作用表（一）

项目活动名称：远足

项目的产生	远足活动是秋季的园本活动。当主题"秋天多美好"行进至中后期时，幼儿园会组织远足活动。秋天是万物成熟的季节，树叶们也换上了彩色的装束。幼儿走出幼儿园，到大自然中去亲密接触秋天，用亲自然的行为收获关于秋天的认知经验，获取新的经验，验证自己对秋天的猜想，进而重构经验，感受秋天的美。 　　远足对于大班幼儿来说并不陌生，他们渴望出发去远足。这次，幼儿可以为远足准备什么？在远足中会遇见什么、收获什么？这些是他们在出发前的讨论点。随之，项目活动"远足"也展开了。 　　长距离远足可以锻炼幼儿的坚持性、独立性等，培养幼儿在遇到问题后解决问题的能力。
关键经验	1. 健康领域——动作发展：能在斜坡上较平稳地行走；能连续行走 1.5 千米以上 2. 社会领域——人际交往：有高兴的或有趣的事愿意与大家分享，活动时愿意接受同伴的意见和建议，能与同伴分工合作，遇到困难能一起克服 3. 科学领域——科学探究：初步了解人们的生活和自然环境的密切关系，知道保护环境 4. 艺术领域——表现与创造：能用自己制作的美术作品布置环境，美化生活

续表

对幼儿的挑战	1. 徒步经验 　　从未有过长距离的徒步经验,是否会存在幼儿体力不支、放弃徒步的情况。 2. 缠绕打结技能 　　幼儿对魔法结的缠绕技巧的掌握程度。
资源分析	1. 环境资源 　　秋天到了,周围树叶都发生了变化,树木也都结果了,这是幼儿能够直接观察到的环境的变化。 2. 实物资源 　　本次远足活动的地点——它山堰是我国一项杰出的古代水利工程,发挥着抗洪、蓄淡、灌溉、阻咸的功能,这是幼儿以前未曾了解过的。它山堰还有登山道,可以让幼儿进行徒步并且在徒步中接近自然,自然中的小树林更能让幼儿方便和直观地触摸、收集自然物。

幼儿园项目活动审议操作用表（二）

项目活动名称：远足

活动目标	1. 积极参与远足活动的各项准备,能坚持完成远足任务,连续行走 1.5 千米,遇到问题后能自己尝试解决,体验远足的快乐 2. 了解它山堰的传说,熟悉远足地点的环境特点,知道远足中的安全知识,学会保护自己 3. 学习和小伙伴分工合作完成远足计划的制订,并能大胆表达自己的想法 4. 感受大自然的美好,收集秋天里的自然物,能够运用多种工具、材料进行艺术创造,并能用艺术作品装扮自己的教室
项目的展开	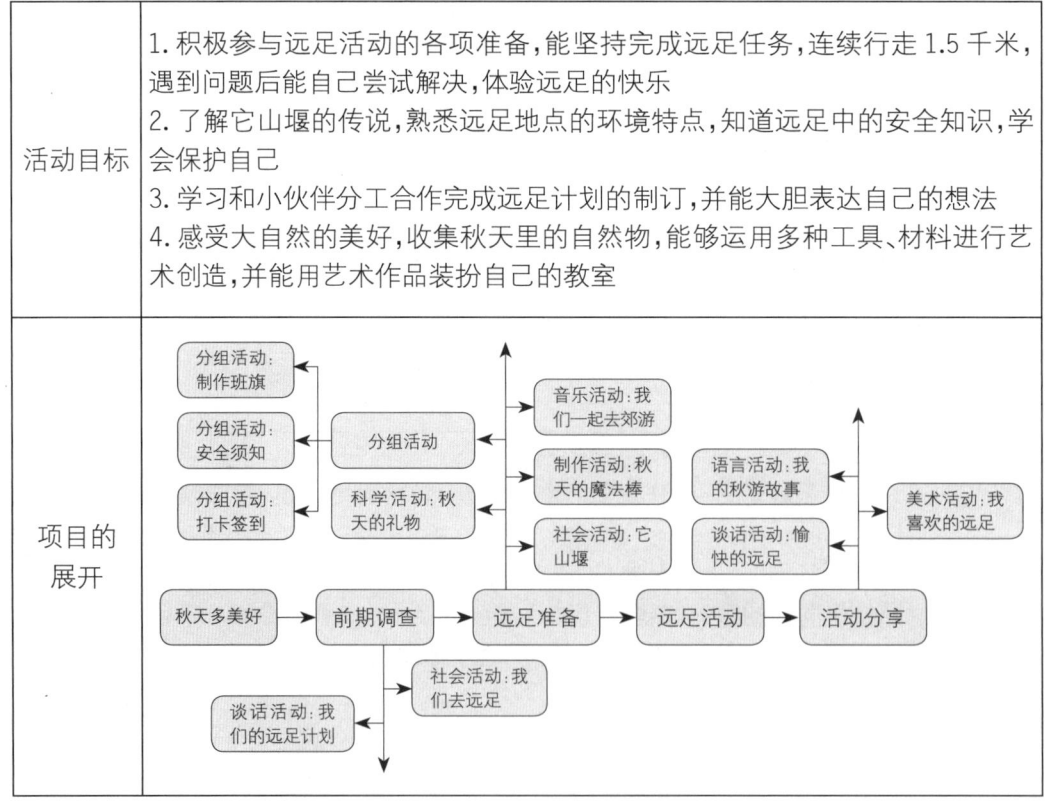

续表

实施路径	1. 集体活动:让幼儿增加对它山堰的了解,利用幼儿园旁边小树林的资源进行魔法杖的制作,练习捆绑和缠绕的技能 2. 分组活动:幼儿分小组对远足计划进行讨论 3. 实践活动:幼儿集体到达它山堰进行长距离徒步	
可行性论证	目标适宜性	本次项目活动的目标从认知(对远足活动的理解)、技能(连续徒步1.5千米)、情感(体验远足的快乐,感受秋天的美丽)出发,符合大班幼儿的年龄特点
	内容丰富性	本次项目活动囊括健康、社会、科学、美术、语言五大领域,有绘画、操作、游戏、讨论等形式,帮助幼儿更好地参与到远足活动中去
	实施多样性	分组讨论、集体讨论、实践活动等实施路径

幼儿园项目活动审议操作用表(三)

项目活动名称:远足

实施反思	目标达成	远足中大部分幼儿能够连续行走1.5千米,都能坚持到达目的地它山堰。活动结束后,幼儿能用图示或符号来表达自己对本次远足活动的理解,在表现程度上会因幼儿的能力不同而存在差异。 　　远足活动前期,幼儿都积极参与讨论远足计划的制订以及班旗的制作,积极地说出这次远足活动所需的物质准备,并且根据清单会自主准备、整理物品。 　　探秘小树林时,幼儿对周围环境也都产生了浓厚的兴趣,主动触摸植物、亲近自然。大部分幼儿也能利用自然物进行艺术创造,且有自己的思考,表达自己对秋天的感受。
	活动亮点	实践活动——结合幼儿园周边的资源,小组讨论制订远足计划,集体远足登山
	存在问题	1. 中班幼儿有班旗制作,大班也有班旗制作,是不是在层次上可以有所不同 2. 幼儿对于在活动中遇到的困难,如掉队问题,应该怎么解决
	调整设想	大班幼儿在班旗的制作上可以和中班有所区别,可以以小组的形式制作,培养团结、互帮互助的良好品质。 　　在前期的准备内容中,老师可以多方面地引导幼儿进行自主讨论,比如掉队了应该怎么办?

续表

活动优化	1. 远足活动为幼儿园的常态活动,大班幼儿对此已经很有经验了。对于远足地点,可以由幼儿和家长提供,再一起进行选择 2. 远足结合了幼儿健行的需求,更是幼儿接近自然、感受自然、爱上自然的一个机会。在大自然中,幼儿有自己独特的沟通方式。在远足的具体内容上,可以在保障安全的前提下给予幼儿更多自由、自主的空间

【幼儿活动】

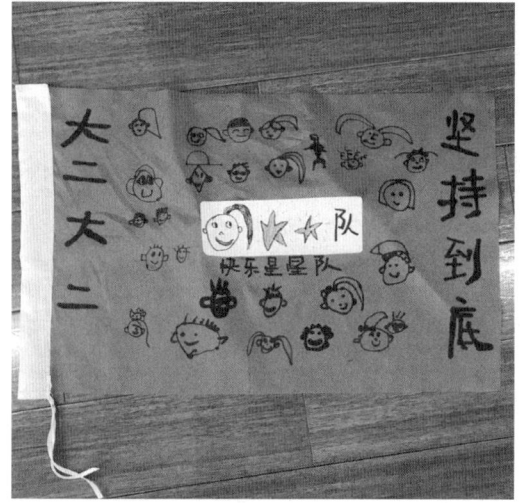

制作班旗

登山打卡

探秘树林

制作魔法杖

【课程故事】

秋日·远足

缘起:

每年的秋季,幼儿园的孩子们都会有一场与秋天的约定之旅。大班孩子的远足地不再是幼儿园周边的小公园了,他们要用小脚丈量更长的距离,要用眼睛捕捉更多秋天的美好。带着这份期待,一年一度的远足又如约而至,我们要一起坐着大巴到大自然中去。大班远足的目的地是鄞江镇它山堰、晴江岸,老师们提前进行了踩点,并用照片记录了一些目的地的风景。一场关于远足的项目活动即将拉开序幕。

故事1:完美计划

大班的孩子对于远足并不陌生,对于即将迎来的远足活动,孩子们自主地进行了分组并明确了自己组承担的任务和目标。制作远足清单、绘制班旗、绘制签到牌、出行安全事项……每个组的孩子们协商着,努力去完成任务……在任务分享中,每个组的孩子都用自己最精彩的语言竭力地表达自己的想法,班旗由孩子们一票票地投选而来;还有孩子有理有据地提出自己对于远足清单的补充内容。在出发的前一晚家长们用照片记录了孩子们自己整理远足物品的一举一动,每每收拾完一类物品就用打钩的方式做好记录。家长们感慨:孩子们长大了,他们能够独立完成很多的事情,重要的是成人的一份信任与放手!

带着爸爸妈妈的一份牵挂和出行的兴奋,孩子们出发了,目的地是鄞江镇它山堰。

故事2:登顶成功

伴随着孩子们一遍又一遍焦急的提问——"老师,我们还有多久能到?""老师,它山堰到了吗?"我们的大巴终于停在了它山堰景区的停车场。面对着窗户外的堤坝,孩子们兴奋不已。孩子们一个个在起点签下自己的姓名,信心满满地开始向下一个500米前进。刚开始,大家的队伍整齐,一路上还有不少孩子的歌声、嬉笑声,大家冲劲十足!到了第二个打卡点、第三个打卡点时,孩子们的队伍变得稀疏了。这时,我们突然听到一阵小鼓声,还有阵阵歌声。循声而望,琪琪正拿着曲奇的饼干盒,有节奏地拍打着罐子,嘴里哼唱着"走走走走走,我们小手拉小手",旁边的小雨、超超也开始唱起来。大家用自己的方式给同伴鼓劲加油,谁也不掉队。

歌声、鼓声是彼此的加油鼓劲,更是秋天里最美的一曲旋律。有了伙伴的助力,孩子们都陆续抵达山顶,完成打卡。所有的孩子都完成了登山徒步任务,每个孩子都是徒步小勇士。

故事3:挑战自我

结束了在它山堰的徒步,我们来到中午的休憩地。即将到达晴江岸边时,一座小石坡挡住了我们的去路。面对这意外的"挡路者",孩子们开始七嘴八舌:"这有点高,我们会滑下去的。""好害怕啊!""老师你能抱我吗?"孩子们的各种想法、求助的声音不断传来。"孩子们,我们试试,一定会有办法安全达到平地的。"老师的话音刚落,超超就往小石坡走去。他刚下去一段就听见鞋底摩擦着石头的沙沙声,突然超超失去平衡,一屁股坐在地上,滑到了平地。超超带着兴奋又略显紧张的表情,大声叫唤着伙伴:"快点下来吧,太刺激啦!"话音刚落,几个男孩子就跃跃欲试。只见有的孩子张开双臂保持平衡,有的孩子弯腰弓背保持平衡,有的孩子干脆一屁股坐在地上滑到达目的地。

故事4:树林探秘

孩子们继续精神奕奕地向神秘树林出发,开启了树林探秘。"哇,好漂亮啊!""好高呀!"这是孩子们走进树林的第一个反应。他们左顾右盼,时不时地用手去触碰小路两旁的植物。有的孩子对地上的植物产生了兴趣,他们蹲下来仔细观察。在这个神秘的树林里,孩子们用像发现新大陆一样的新奇收集着植物。就在这个时候,有孩子发现自己的衣服上粘了一个小小的、刺刺的小东西,这是什么呢？这个新发现,让所有的孩子们都开始检查自己的衣服上是不是也有这个小东西。有个孩子大胆地摘了下来,摸了摸说:"黏黏的、刺刺的。"他们转头问老师:"这个是什么呀?"老师回答:"这是苍耳,老师也很多年没见了。"孩子们把苍耳作为树林探秘的战利品,收集到自己的小盒子里,他们说这是这个秋天得到的最好的礼物。

大巴车载着孩子们踏上返程,徒步的疲劳丝毫没有让孩子们显现出一丝的倦意,他们依旧兴奋不已,向旁边的伙伴讲述着在树林里的发现、展示着自己收集的秋天的"礼物"。完美的远足活动就这样意犹未尽地结束了。

总结与反思:

远足活动是幼儿园的一个常规的园本活动。因为孩子的个体差异和资源、情境的不同,能引发不同的故事。在这次的远足活动中,我们看到了大班孩子对同伴的关照与互助,看到了大班孩子对于意外挑战产生的兴奋与自我挑战的勇气,看到了大班孩子在大自然中最为野性与真实的探索与发现的过程。"大自然是最好的老师",这句话值得我们每个人去深思。让孩子们在大自然中生活体味,这样的自然教育正是当下城市孩子缺失的部分。让我们和孩子共同感受自然的魅力,学会敬畏自然,小心去发现自然的力量,努力成为自然之子。

第四章
主题审议的研修案例

一、小班主题"汽车嘟嘟"前期审议研修案例

宁波市海曙区气象路幼儿园　徐宁

(一)研修目的

1. 以小班"汽车嘟嘟"为例,探寻课程前期审议关注的审议核心及审议步骤。

2. 发现前期审议中存在的问题,积极参与研讨,建构以幼儿兴趣与需求为出发点的课程前期审议,贯彻幼儿经验与核心经验相链接的审议理念。

3. 解读审议用表,进行"汽车嘟嘟"主题前期审议的重构,形成相对规范的前期审议操作模式。

(二)研修准备

1. 研讨 PPT。
2. 海报纸张、记号笔、审议用表。

(三)研修实录

主持人:今天的研修内容来自我们审议中出现的共性问题——"由于前期审议不到位,导致中期乃至后期审议出现偏离的现象"。针对此问题,我们以小班

"汽车嘟嘟"主题为例再议前期审议。

1. 解析主题海报，发现问题所在

主持人：同是关于"汽车"的主题，请老师们看看下面两张主题海报，一张来自小班，一张来自中班，请你说说你看到了什么，有何思考？（左图小班，右图中班）

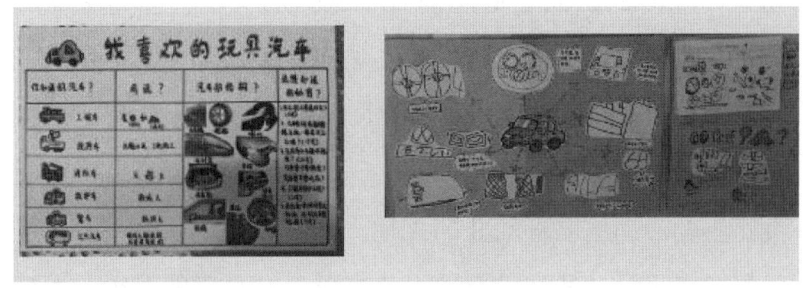

教师1：小班的汽车结构分布图不适合小班年龄段，调查的内容太难。

教师2：左图中需要小班孩子来了解汽车的内部结构，不符合小班年龄的认知特点。

教师3：右图是幼儿的表征，更多体现了幼儿的已有经验与感兴趣的问题。

主持人小结：从两张主题海报中老师们发现小班关于汽车认识的呈现文字多、内容多，且涉及的内容高于小班幼儿的认知水平。对于小班幼儿来说，怎么样的内容更适宜，怎样的主题海报呈现更有利于幼儿的表达和学习？首先，我们要来找找原因，分析为什么在主题海报中会呈现出脱离该年龄段幼儿的学习特点？

教师4：我认为应该是前期审议中少了对幼儿的分析。

教师5：我们要根据小班幼儿当下的经验审议主题，问题应该出在前期审议环节。

2. 聚焦核心问题，再议前期审议

主持人：在小中班的主题海报对比中，我们审视了现状，找出了问题所在。那么如同老师们说的，让我们回到"汽车嘟嘟"的前期审议，我们又该如何对小班幼儿做出准确的分析，又从哪里去分析呢？

教师1：调查表、谈话活动……

主持人：嗯，请思考我们之前的调查表经常出现在审议的哪个环节？

教师2：在进行前期文本审议时制做调查表，其实现在看来，这个节点太晚了。我们在做文本审议的时候，并没有关注到幼儿的经验，或者说未分析过幼儿经验，直接凭借自己的理解或经验做了前期的文本审议。

主持人小结：再看前期审议我们不难发现，收集幼儿的前期经验或者说是分析幼儿的兴趣至关重要，而且它必须前置于我们的文本。因为主题的前期审议一定是基于幼儿兴趣与需要而进行的。否则，我们就会出现像今天主题海报上的问题——脱离幼儿的兴趣与需要。此时，老师们是否能清楚地理解为什么要审议？审议是为了谁？

教师1：让主题活动更贴近幼儿的兴趣。

教师2：前期审议让幼儿在已有的经验基础上有真正的获得与发展。

教师3：让幼儿的学习更贴近他们的需要，而不是走个形式，浮于表面。

主持人小结：是的，基于幼儿需要不能仅仅是一句口号，而是要真正地尊重幼儿。根据幼儿的原有经验，给予恰当适宜的学习点，而前期审议的目的就是发现幼儿的需要，做最优的规划，以此促进幼儿新的有益经验的获得。所以，前期审议首先要审幼儿，其次审资源，最后就是审文本。

3. 回顾前期审议，调研预设论证

（1）解读表单

主持人：我们之前有前审六步骤，今天我们重新来回顾并整合优化表单，帮助老师们梳理前审思路。（新的表单有主题来源分析、原主题目标、调整目标、情境调整理由和依据。）

（2）分组研讨

主持人：接下来就请老师们分组进行小组研讨，具体要求如下。

①运用新的工具表单进行审议过程的思考。

②运用《3—6岁儿童学习与发展指南》《幼儿园领域课程指导丛书》中的相关理论，对该主题做前期审议。

主持人：现在就请每组的代表来陈述自己组的研讨结果。我们首先一起来看表单中的主题来源、主题目标。

小组1:针对子主题"汽车嘟嘟",我们先从主题来源来分析,首先从幼儿的兴趣和需要出发,我们思考了以下三点。

①有指向地、针对性地了解幼儿在生活中见到的车,例如警车、消防车、救护车、轿车等。

②幼儿最喜欢的车。

③关于汽车幼儿还想了解什么。

其次,从我们的资源来分析,在幼儿的生活当中,车是最为常见的物品,大部分家庭都有车,同时幼儿有可能还会接触各种汽车玩具,通过直接接触实体车和玩一玩玩具车,获得关于车的相关经验。最后我们思考它的价值,在开展关于汽车的主题活动中,幼儿能认识汽车的明显特征,如车的颜色、外形等;能初步了解交通规则,如红灯停、绿灯行;能在游戏和分享中增进与同伴之间的交往。

有了以上的思考,再链接我们的《3—6岁儿童学习与发展指南》。《3—6岁儿童学习与发展指南》社会领域中的愿意与人交往的子目标——愿意和小朋友一起游戏;能与同伴友好相处的子目标——想加入同伴的游戏时,能友好地提出请求;科学领域中的具有初步的探究能力的子目标——对感兴趣的事物能仔细观察,发现其明显的特征;数学认知中的感知形状与空间关系——能注意物体比较明显的形状特征,并用自己的语言描述。

基于以上思考,我们修改了主题目标,有以下三条。

①认识几种常见的汽车的外形和特点,乐意表达自己的认识和感受。

②乐意和同伴一起玩小汽车,体验和同伴一起游戏的快乐。

③乐意参与角色游戏,学习扮演角色并获得相关经验。

小组2:在价值上我们这一组也觉得主要来自科学和社会两个方面。

①科学的价值

《核心经验与幼儿教师的领域教学知识丛书》中提出发现事物明显的外部特征。《3—6岁儿童学习与发展指南》中提出对感兴趣的事物能仔细观察,发现其明显特征。那么玩具汽车种类多样,外形特征鲜明,能够让小班幼儿直接观察,初步养成观察兴趣。

《核心经验与幼儿教师的领域教学知识丛书》中要求对观察到的事物和现象积极思考,描述物体的外部特征(语言),探索结构性材料(操作)。《3—6岁儿童学习与发展指南》中要求能感知和发现物体和材料的软硬、光滑和粗糙等特性。在观察探究中,让幼儿在对玩具汽车的看、摸、玩中发现汽车的特征、有趣的玩法等,能够让幼儿在玩中喜欢看、喜欢说、喜欢去探索,从而获得语言、动手等能力的提升,让幼儿多进行操作,其中包括各种艺术创作等。

②社会价值

《3—6岁儿童学习与发展指南》中提出想加入同伴的游戏时,能友好地提出请求;在成人指导下,不争抢、不独霸玩具等。幼儿入园后,供他们玩耍的玩具增多、玩伴增加,但由于小班幼儿的年龄特点,他们还不善于和小朋友一起玩,还不能够很好地关注别人、理解别人,需逐渐摆脱"自我中心"。因此通过一系列玩玩具汽车的活动,能够促进幼儿的社会交往。

从相关的核心经验中我们可以看出这个主题还是以科学教育为主的,主要是观察、描述和操作较多。

在目标的设定上,我们没有改动,我们觉得小班幼儿这个年龄段还是以感知和体验为主,因此原目标的制定还是比较适合小班的。

小组3:汽车是幼儿最感兴趣的,男孩女孩都喜欢。每个孩子都有汽车的玩具,他们在谈论汽车的时候有很多共同话题,玩汽车能够玩出很多游戏,所以可以在班级中开展活动。

①关于资源调查

物质资源:幼儿家中有多种汽车玩具,幼儿园也有汽车玩具。

社会资源:幼儿园大门口的停车场便于幼儿真实观察,距离幼儿园150米处还有汽车修理厂。

人力资源:教师与父母对汽车较了解且会开车。

②关于该主题的价值

社会性:幼儿入园后,供他们玩耍的玩具增多,玩伴增加,这让他们在一起玩汽车的过程中,获得了家庭生活中所无法获得的快乐和满足。但由于小班幼儿的年龄特点,在玩玩具的过程中,会在爱护玩具、与同伴交往方面出现问题。他们还不善于和小朋友一起玩,还不能够很好地关注别人、理解别人,需逐渐摆脱"自我中心"。因此"一起玩玩具"中蕴含着丰富的社会性教育价值。

科学性:获得汽车结构、功能上的认识,尝试初步观察和比较。

核心经验:对感兴趣的事物能仔细观察,发现其相同与不同;能用多种感官或动作去探索物体,关注动作所产生的结果。

③关于目标制定

我们比对了《3—6岁儿童学习与发展指南》中的科学探究目标和社会适应目标,并在原有的目标上增加了科学领域目标的内容。

①乐意了解汽车的外形特征,能说出几种常见的汽车。

②尝试观察汽车,能大胆表达自己观察后的发现。

③喜欢和同伴一起玩小汽车,体验和同伴一起游戏的快乐。

主持人小结:通过小组研讨,很欣喜地看到老师们已经开始关注幼儿当下的经验、兴趣和需要,同时链接相关理论书籍作为审议的支撑,把审幼儿放在首位,只有基于幼儿兴趣与需要的活动才是适宜的。当然在主题目标的设定中,我们不仅要关注情感、认知等目标,还需关联小班幼儿的探究能力,目标定位准确才能更有效地推进主题的开展。

主持人:接下来小组变大组,优化主题目标,并合理制做表单二,展开对主题网络、情境脉络的梳理。在这个时候其实我们已经对不同的活动做了形式上的判别,所以思考表单二的同时,我们也完成了表单的分类整理。

大组代表:我们通过三组商讨优化,确定了以下主题目标。

①乐意了解汽车的外形特征,能说出几种常见的汽车名称。

②尝试观察汽车,能大胆表达自己观察后的发现。

③喜欢参与游戏,体验和同伴一起玩小汽车的快乐。

根据主题目标最终以活动的情境脉络进行了活动预设,从"我喜欢的玩具汽车""我和汽车做游戏""我们一起玩"这样三个大内容进行主要活动的预设。

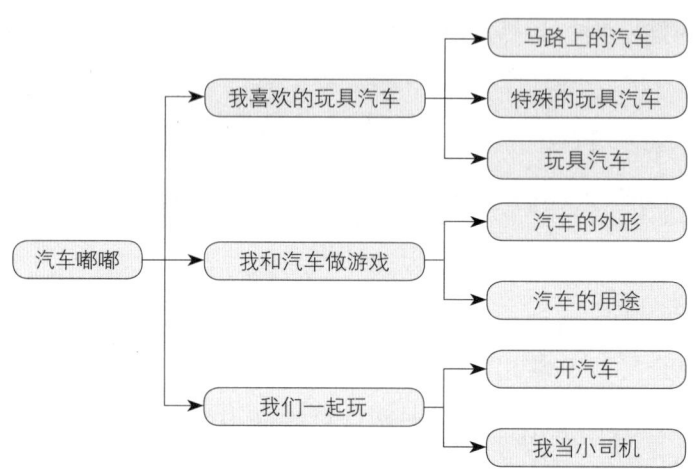

主持人小结:这个部分的梳理,让我们再次明确了前期审议中幼儿的现有经验是我们开展活动的起点,所有活动的预设都是为了帮助幼儿获得新的有益经验。

(四)研修成效

主题前期审议的出发点和落脚点都是为了幼儿的发展,怎样有效帮助幼儿获得新经验成为前期审议中的聚焦点。前期审议也是整个主题实施可行性和科学性的保证,因此,在主题前期审议时需要我们对幼儿、资源、目标进行审议。在审议中起点是幼儿的经验,回归点同样是幼儿的经验。通过研讨,我们明确了调查表的意义,调查的形式(语音、视频、表征、表格)可以多样且要符合幼儿年龄特点,调查分析是主题目标调整的依据,更是情境脉络预设的来源。同时,前期审议是坚持以《3—6岁儿童学习与发展指南》《核心经验与幼儿教师的领域教学知识丛书》为理论依托,遵循幼儿的学习规律,体现主题的内在逻辑,并在审议过程中不断审思自己,放慢脚步去接纳幼儿的学习节奏,不断提升审议的质量,注意留白,把主题行进的指挥棒交还给幼儿。

二、中班主题"热闹的大街"中期审议研修案例

宁波市海曙区气象路幼儿园　竺园

（一）研修目的

1. 进一步革新教师的课程观、幼儿观，树立观察幼儿捕捉教育契机的意识，促进课程有效生发。

2. 回归中班主题"热闹的大街"的设计和实施，尝试梳理、归纳中期审议的具体操作。

3. 尝试运用矩阵分析法对角色游戏"彩虹比萨店"进行案例分析，提出有效助力游戏发展的策略。

（二）研修准备

1. 主题活动"热闹的大街"、角色游戏"彩虹比萨店"。
2. 教研方案、PPT、图表、马克笔等。

（三）研修实录

1. 交流回顾，梳理要点

主持人：当一个主题方案开始进入实施阶段，主题的中期审议也就随其开启，请大家分享一下自己在主题实施的整个过程中做了什么，也就是主题中期审议时你会比较关注什么？

教师1：主题下的一个个活动落实，我会关注孩子获得的新经验和预设的主题目标是否有关联。

教师2：我会比较关注主题进行中幼儿的兴趣和问题的生发点，思考是否需要调整之前预设的主题脉络和行进。

主持人：主题中期审议既要发现具体实施中的问题和困惑，更要基于幼儿的发展的特点，分析讨论后对预设活动做出调整优化；又要根据幼儿的兴趣需求和实际活动情况及时捕捉课程生发点。

主持人：关于捕捉幼儿的生发点，大家有哪些经验可分享？请结合案例谈谈你都捕捉到哪些生发点？又生成了什么活动？

教师1：在"银杏"这个主题活动中，孩子们收集了很多树叶，区域活动时孩子们玩起了抛撒银杏叶的游戏，随之就生成了"我和银杏玩游戏"的游戏活动。

教师2：在"新年"主题活动中，有天突然下雪了，孩子们看到点点雪花飘落，就特别兴奋。当天孩子们在户外与雪亲密接触，在后续开展了关于雪的系列活动。

教师3：我们班在"拜访春天"主题活动中，孩子们因为需要制作大树的档案就对幼儿园的树发起了观察活动。有孩子发现一些树没有树皮，这引发了孩子们的讨论，那是真树还是假树？我们就生成了一个真树与假树的辩论活动。最后大家在不断地等待中发现这些树又发芽了、长叶了，从而揭晓了答案。

主持人："行为表现""突发事件""幼儿问题"都是课程的生发点。在主题活动中期，老师要仔细观察和发现幼儿的兴趣、需要及问题困惑，这就是"信息收集"。面对这些信息是否能生成新的内容，我们还要进一步分析甄别。关于生成，是生成集体教学，还是区域活动？我们要预设"行动方案"。这就是主题中期审议的核心——课程生发的行动路径和关键要点。

2. 主题回顾，捕捉要点

主持人：今天我们来研讨中班主题"热闹的大街"，它正是从幼儿行为表现生成的游戏活动，就请吴老师来介绍一下该主题的由来以及目前的情况。

（1）回顾主题的开展

按预设学期计划，我们班将开启主题"热闹的大街"。我们首先解读了省编教材中该主题方案的设计，又向大班陆老师咨询了去年他们园本化课程实施的情况。在对比时，我们发现去年"热闹的大街"主要拓展了理发店的相关内容。那是因为他们班孩子在前期调查时，对大街上的理发店产生了兴趣，老师们顺应幼儿兴趣做了拓展。

在主题前期，我们也进行了考察，在"自己感兴趣的店铺"投票中，我们班孩子最感兴趣的是比萨店。我们链接主题目标后，认为比萨店和理发店虽然内容不同，但一样能够达成主题目标——喜欢玩角色游戏，对角色及他们的活动有一定的认识和表现。

基于以上思考，我们架构了"比萨店"的主题网络。孩子们又进一步考察了比萨店，了解厨师的工作，认识烤比萨的工具，并且尝试运用多种材料制作比萨。美工区的比萨作品越来越多，他们开始把比萨搬到了原来游戏活动水果店的货架上，开启了买卖比萨的游戏。我们顺应幼儿的游戏需要，生成了角色游戏"彩虹比萨店"。

（2）主题实践的感想

主持人：感谢吴老师的分享，关于主题"热闹的大街"的调整与角色游戏"彩虹比萨店"，大家有什么感受？

教师1：基于班级幼儿的兴趣，对比萨店主题活动作出价值判断，并用比萨店平行替换掉理发店，这种替换的方法可借鉴。

教师2：老师尊重幼儿的兴趣和需要，顺应幼儿生成了相关的角色游戏，实现了课程的游戏化。

教师3：我有一点疑惑，比萨店这个角色游戏的生发是怎么来的？

教师4：那是在一次区域活动分享环节，我问为什么水果店出现了这么多比萨。孩子们说这是他们的比萨店，我就继续追问他们是否想开比萨店，孩子们异口同声回答"想"。

（3）游戏的价值判断

主持人：幼儿生成的比萨店游戏能促发他们哪些新经验的获得呢？

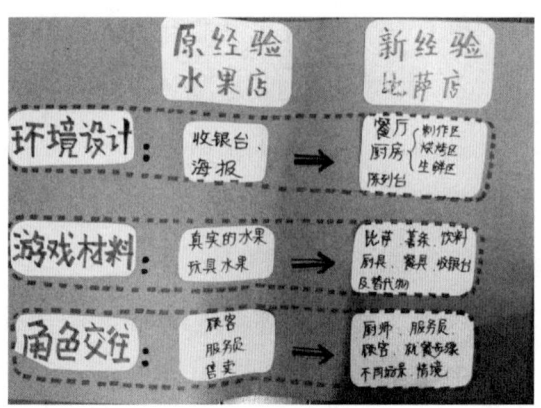

图1

教师1：现在的比萨店是从原来的水果店演变过来的，那么我们就两个不同的角色游戏内容做了三点对应比较（见图1）。

第一点指向"环境设计"，水果店需要设计的空间较少，比萨店的空间布置有较多拓展。

第二点指向"游戏材料"，水果店材料单一，比萨店材料丰富。

第三点指向"角色交往"，水果店只是简单的分工与买卖，比萨店分工更细，交往范围更广。

主持人：通过对比大家能清晰地认识到，比萨店游戏对幼儿角色游戏发展具有新挑战。

3. 矩阵分析，助力游戏

主持人：当下孩子们是怎么玩比萨店游戏的？他们玩得怎么样呢，是否需要我们助力呢？请各位继续跟着吴老师的镜头，回到游戏现场。

（1）游戏案例回顾

镜头一：忙碌的厨师

比萨店一开，骞骞穿戴好厨师装备开始巡视厨房。他先来到了比萨架子和饮料台前，再到门口观望就餐区，接着游走到比萨货架，取比萨前往烤箱处，将其烤上后，前往饮料台摆弄纸杯。区域活动分享时，我拿出了之前和幼儿共同梳理的厨师的任务表，再次明确了厨师的职责。

镜头二：我不想要这些

小贝来到比萨店,提出了自己的诉求——要吃比萨。服务员源源上了一个,小贝不满意。服务员接着上了三个,小贝还是不满意,一口没有动,表示没有他想吃的,最后留下一桌食物离开了。对此,我向孩子们提出,我们需要一份菜单,这样就能点到自己想要的。于是我们进行了制作活动。

镜头三:冷清的餐厅

这一次,比萨店只有两个孩子进入厨房,各自选取想要扮演的角色穿戴服饰,并很快投入到游戏中。此时就餐区空无一人,20分钟过去了,还是没有顾客。我走向建构区询问伊一,伊一表示他很忙,他要搭热闹的大街。我走向给跳跳理发的妞妞进行邀请。妞妞表示那里不好玩,理发店更有趣。看着空荡的餐厅,我进入比萨店充当顾客,这吸引了不少孩子,比萨店又热闹了起来。

镜头四:母子同行

小米和阳阳一起来到比萨店,他们坐下来点了比萨,服务员上了一个比萨并拿来了餐具。小米充当妈妈,拍拍阳阳的肩膀,拿起刀叉切比萨,喂宝宝吃比萨,吃完他们牵着手离开。

(2)游戏粗浅分析

主持人:在四个游戏镜头中你看到了什么,你有何思考?请老师们各自稍做思考,说说自己的想法(见图2)。

教师1:餐厅冷清时,教师以平行介入的方式推进游戏开展比较适宜。

教师2:厨师的游戏路径用图示的方式记录十分清晰,这种游戏观察记录方式值得学习和借鉴。

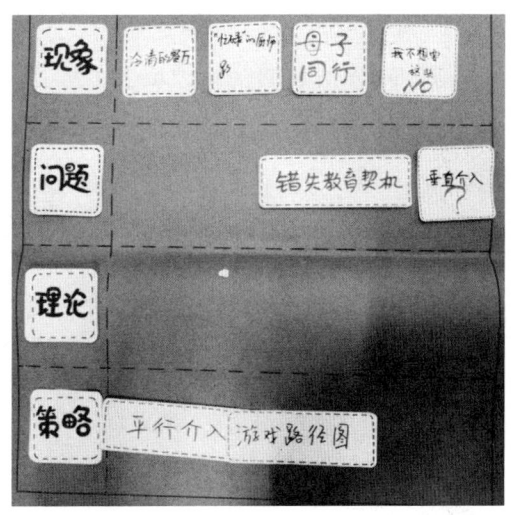

图2

教师3:镜头二中当孩子提出我点不到想要的比萨时,教师直接提出需要制作菜单。如此直接的支持方式是否合适?

教师4:镜头四中妈妈带孩子进入餐厅吃比萨,但好像没有老师的游戏介入和支持。

主持人：在游戏推进过程中，教师基于中班幼儿的游戏水平，运用轨迹式游戏细致记录幼儿游戏行为，采取平行介入策略帮助幼儿丰富游戏情节和角色对话。这些策略都得到了大家的认可。

（3）小组矩阵分析

主持人：在这个游戏中也存在一些问题。请两组老师各选一个案例，针对问题查找相关理论，给出优化策略。最后请各小组陈述研讨结果。

组一"我不想要这些"分析优化

教师1："我不想要这些"存在的问题就是教师直接提出了制做菜单，这种直接介入的方式过于直白，限制了孩子其他学习可能的生发。

教师2：解决这个问题时所采用的相关理论主要来源于刘焱的《幼儿游戏通论》，在角色游戏的组织和指导中有这样三条：

①以"问题"为契机促进幼儿游戏的发展；

②通过讨论帮助幼儿发现和解决问题；

③利用多种形式丰富幼儿的相关经验。

教师3：相应的优化策略分别从教师、幼儿、材料三个不同的维度来推进。第一点，教师可以以平行介入的方式加入幼儿的点单游戏，在语言互动中助推幼儿的游戏。第二点，以问题为驱动，将幼儿游戏的情景通过录像或照片的形式再现，让幼儿自己发现问题，并尝试讨论解决问题。第三点，教师可以进行隐性支持，将可以解决幼儿问题的相关材料隐性地提供到比萨店，教师不做语言上的指导，让幼儿自己去发现和解决问题（见图3）。

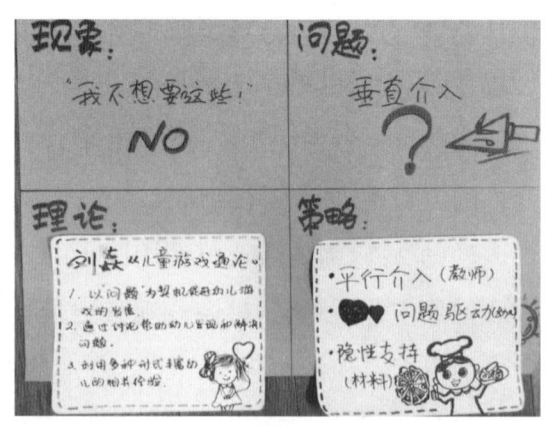

图3

组二"母子同行"分析优化

教师1："错失教育契机"——教师在现场虽然看到了幼儿的游戏情节，但没有真正看懂幼儿的游戏行为及其行为背后蕴含的游戏价值,直接导致了这次教育契机的错失。

教师2:中班幼儿的游戏内容、情节比小班丰富,已处于联合游戏的初期阶段。中班角色游戏目标中,在第一学期的游戏评价时,在教师的启发鼓励下,能发表自己的意见。

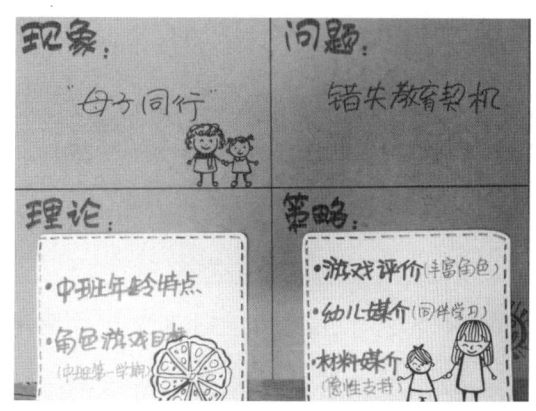

图4

教师3:根据理论指导,我们提出三点优化建议(见图4)。第一点,游戏评价(丰富角色)。在游戏结束后,教师及时组织幼儿展开游戏评价,将这一游戏情节还原给幼儿,引导幼儿自己进行判断,并交流游戏经验,以丰富游戏主题和内容。第二点,幼儿媒介(同伴学习)。引导游戏能力较强的幼儿带着游戏能力较弱的幼儿进行游戏,使幼儿能在模仿游戏的过程中拓展角色认知,提升游戏能力。第三点,材料媒介(隐性支持)。提供爸爸、妈妈、爷爷、奶奶……这样更多的角色挂牌,让幼儿在扮演顾客时有更多的角色选择,不断丰富游戏情节。

主持人:两组从问题出发,在理论指导的基础上思考优化策略,使得游戏后续的发展更加明确。

4. 研修回顾,分享感受

主持人:研修进行到尾声阶段,请大家谈谈对本次研修的感受。

教师1:经过大家的思维碰撞,我们深入明确了中期审议的内容和实施方法。梳理出一个主题中期审议的关注要点和推进要点是十分关键的。

教师2:从主题到游戏,让我们看到了主题活动路径的多元化,原来社会核心领域的主题活动的游戏化可以和角色游戏做有效链接。

教师3:矩阵式的研修讨论表,我们是第一次使用。感觉在思考问题时要找理论指导有些不容易,但是找到理论后就会觉得自己说得有根有据,很有底气。

主持人小结:中期审议不同于前期审议和后期审议,最大的特点就是它并不是某一个具体的时间发生的,中期审议是伴随主题而行进的,是一个不断回归的过程,要回归幼儿的兴趣和需要,也要回归幼儿的原有经验!

(四)研修成效

相对于主题的前期审议和后期审议,中期审议的最大特点就是动态化和过程性。本次研修基于对主题活动的回顾,让教师们从实际案例分析课程实践中的有效做法和存在问题,明确了中期审议的核心——以幼儿问题为课程生发点,可从"行为表现""突发事件""幼儿问题"三个方面去思考课程的生发。

"彩虹比萨店"是主题活动游戏化的典型案例,通过研讨教师们具备了主题活动和角色游戏之间自然融合的意识。借助矩阵式分析的方式,让教师们的分析更加有理有据,帮助老师树立寻求理论分析论证的研修意识,也确保游戏助推策略科学有效。

三、大班主题"多彩的民族"后期审议研修案例

宁波市海曙区启文幼儿园　章丹

（一）研修目的

1. 以大班主题"多彩的民族"为例，分析该主题在实施中目标达成的亮点和存在的问题。

2. 梳理总结在主题实施中的可借鉴要点和注意点，为之后其他主题的实施提供支持。

（二）研修准备

PPT、大黑板梳理表一张、班级课程故事。

（三）研修实录

1. 走进"复盘"

（1）学习反馈

主持人：老师们，我们现在开始今天的研修。在研修前，我给大家发了一些有关复盘的资料，请大家来说说自己学习的感受。

教师1：没学习之前对"复盘"这个词很陌生。通过这些资料了解到复盘就像回忆，对进行的工作进行回想、反思。

教师2："复盘"感觉就像是在纠错，找出问题，后续就可以解决问题。

教师3：这是第一次听说"复盘"，看完资料我觉得复盘是重新整理的过程，把做过的事情再重新梳理。

主持人小结：老师们都提炼得非常到位，复盘最早属于棋类术语，也称复局，是一种古老的东方思维，不仅是一种思考和管理工具，更是一种文化，目前也用于贸易交易和股票市场。

（2）尝试演练

主持人：今天我们也来尝试一次"复盘"，有请两位老师来下一局五子棋，谁愿意参加？

游戏玩法：请两位老师就位，其他老师作为后援团，记录两个人下棋时的情况，结束后我们要进行复盘。竞技开始，看看谁能赢得第一局。

主持人：游戏结束，恭喜XX老师取得胜利，请两组老师和各组选手一起尝试复盘刚才的棋局。请分析取得胜利或者失败的原因，总结取胜或失败的关键要点是什么。

主持人小结：其实输赢的关键点都在同一步中。一方布局，另一方拆局，错失关键一步就会全局皆输。好，通过刚才的现场棋艺对决和复盘，我们对复盘的主要步骤应该较为清晰了，我们看大屏幕。

复盘的步骤：

第一步，回顾目标。在复盘中，展示目标，保证复盘的方向始终正确。

第二步，评估结果。比较结果和目标，发现问题。

第三步，分析原因。对做过的事情进行反思和分析，问出"为什么"，并找出原因。

第四步，总结规律。复盘是为了得出结论和规律，从而指导今后的工作，提高成功的可能性。

2. 链接"后审"

（1）对比发现

主持人：老师们，这样的"复盘"步骤，是否可以迁移到我们的主题审议中呢？复盘和主题审议的哪一个阶段最为相似？

教师齐声：后期审议。

主持人：大家都一致认为复盘类似"主题后期审议"，我们再一起来回顾一下什么是"主题后期审议"。主题后期审议就是在主题实施后，要再次对实施情况如成功、失败、困惑等做总结式的分析讨论，最终整理形成主题资源包，为下一轮主题实施提供参考。那主题后期审议我们要聚焦什么？

教师1：主题目标的落实。后期审议要围绕主题目标的达成度展开，审议各个活动对目标支撑度的落实情况。

教师2：内容的均衡性。内容的均衡性并不是五大领域的均衡分配，而是内容的选择涉及点要全面。比如，我们中班现在在做的主题"银杏"，它更多的是科学探究方面的，让幼儿探究银杏的果、叶等。我们也会找一些关于银杏的绘本以及歌曲，生成了绘本阅读活动和艺术活动，我们觉得这样的主题相对来说更全面！

主持人：我们要考虑内容的均衡性，形式的多样性。

教师3：我们需要聚焦实施途径的适宜性，就是在主题审议的过程中，我们是把活动放在集体教学中，还是放在区域活动中，哪种方式更适合幼儿的学习？

主持人：其是主题实施中的适宜性考量。

教师4：在主题后期审议中会更加关注主题实施中解决问题的及时性和主题开展的反思和建议。

主持人：回忆刚才的复盘，和主题后期审议有哪些相似的地方呢？

教师1：相同之处就是时间点都是一致的。复盘是指在棋局结束后，主题后期审议也是在主题结束后。

教师2：操作相似。我们可以将棋局复盘的回顾棋局、分析棋局、吸取教训、梳理经验等操作程序运用到主题后期审议中，我们可以进行回顾主题、分析主题、主题反思、梳理经验等操作。

教师3：我觉得主题审议和复盘的意义也是相同的，都是在寻找问题而避免犯错，从而发现一种新的方向和解决的办法。

主持人小结：复盘和主题后期审议在时间节点、具体操作和意义价值的确存在几个方面的相似之处。

3. 主题回顾

主持人：今天，我们就尝试运用复盘模式对大班子主题"多彩的民族"进行后期审议。首先有请大班组的两位老师来介绍主题的由来及行进。

1. 园本化主题"多彩的民族"（10分钟）

2. 班本化主题"我喜欢的维吾尔族"（30分钟）

4. 主题后期审议

（1）寻找问题

主持人：感谢大班组老师的分享，接下来我们走进后期审议，它和复盘一样，主要有四大块内容：回顾目标、评价结果、分析原因和总结规律。我们先进行第一步回顾目标。第一步完成后进入第二步，就是评价结果，先请大班组老师分享你们的评价结果。

教师1：我们选择了目标达成度比较高的活动进行了嵌入式评价。接下来我来分享评价结果。

各活动目标达成率如下：数学活动"民族大统计"88%，社会活动"我最喜欢的

民族"86%,年级组(园区)活动"民族大联欢"100%,社会活动"体验计划"87%,分享活动"维吾尔族大调查"86%,半日活动"走进塔里木"67%,区域活动"维吾尔族帽子"86%,音乐活动"娃哈哈"74%,艺术活动"美丽的维吾尔族服饰"88%,美术活动"美丽的阿以旺"83%。针对主题目标一达成率为91.3%,未达成率为8.7%。主题目标二达成率80%,未达成率20%,主题目标三达成率82.7%,未达成率17.3%。

主持人:我们一起来看大班组的评价结果,从整体来看达成率都是比较高的。相对于目标一,后面的两条目标未达成率相对较低,按照我们以往的惯例,未达成率高于15%的我们都需要做具体的原因分析。我们一起来看目标二和目标三中,是哪个教学活动出现了问题?关于活动"走进塔里木",先请大班老师来说说评价结果为什么这么低?

教师2:体验当天我们分环境、美食、服饰三组进行调查。到达目的地后发现店里的服务员都是本地人,而且未穿民族服装,导致服饰组无法考察,只能通过看菜单欣赏服装。而环境组的小朋友也被美食所吸引。因此这两组幼儿的新经验达成度不高。

教师3:那之前孩子们已经有过分组调查,为什么后面还有一个分组调查体验呢?

教师4:前期已经对习俗、文化、服饰、美食、环境的内容进行了深入探究,同时考虑到南塘老街离我们比较近,所以想让孩子们去体验。

主持人:大致有数了,我们看下一个活动。"娃哈哈"这个活动的未达成率是因为什么呢?

教师5:因为在活动结束后,我们给孩子进行踏跶步的测评时,发现男孩子基本都没有学会这个步伐,导致未达成率比较高。

主持人:除了通过目标达成率看到的问题外,其他方面老师们有发现吗?

教师6:我们看主题目标可以发现,有两条都是关于情感的内容,但是在具体的教学活动中,我们没有看到涉及情感内容。

主持人:感谢我们的老师能非常敏锐地拆分目标,看到了情感缺失的问题。

接下来我们聚焦这几个问题,请老师们分别选择一个点,分组讨论并分析其中的原因以及优化建议。请大家进行小组讨论,确定一名发言人。

(2)分组研讨

(3)小组发言

第一组教师:半日活动"走进塔里木"主要有两个问题,分别是资源盘整不到位和时间节点不合适。我们讨论出了优化方案。

针对问题一,我们觉得教师应该有一些预设,可以电话联系店家或者先实地考察,和店家说明当天我们的活动是怎么样的,可以给我们提供怎么样的支持?这样就不会出现考察当日服装和人员不到位的情况。

针对问题二,我们觉得考察环节可以放在前面,因为在原来的分组调查中,孩子们没有考察过,是比较盲目的。那么可以先让孩子们考察,这样目的性更强,更能让他们确定感兴趣的点,并且进行深入探究。

主持人:感谢第一组老师的分享,帮我们梳理出了非常重要的一个关注点,要关注资源,除了一些我们以往常用的实物资源外,实地资源的盘整也十分要紧,以及资源跟进的时间节点也不要忽略。

第二组教师:我们组经过讨论,发现艺术活动"娃哈哈"未达成率较高的原因在于活动目标定位不精准,给予的优化建议是以下几点。

第一是对目标做调整。将原目标一中的表述做前后调整,把掌握踏跳步作为本次活动的重点,放在目标的前半句。这样的调整便于老师心中有目标,能更多关注到幼儿,最后为重点的达成而运用多元适宜的策略。

第二是对目标做补充。原目标二中只有增加对舞蹈的兴趣,目标空洞无具体指向。维吾尔族中,男孩子的舞步也是有其特点的,而且在教学现场的视频中发现男孩子确实很有兴趣,无奈他们的协调性不太好,再加上老师没有把男孩和女孩不同的舞蹈动作作为一个预设目标,忽略了舞蹈动作在性别上的体现。

第三是活动内容的递进。在第一课时学唱"娃哈哈"中,老师可以铺垫性地将基本的手部动作融入歌曲演唱中,并在最后环节以两个老师示范表演的方式,引出男孩和女孩的组合舞蹈,激发幼儿兴趣。第二课时就是学习脚部的基本舞步,以及在活动的后半部分,幼儿学习各自性别的舞蹈。这样可以让重点更突出,使第二次活动内容减负。

主持人:感谢第二组老师的分享,提醒我们要关注幼儿,除了幼儿对活动的兴趣外,我们还要关注幼儿的个体差异,比如性别差异。

第三小组教师:目标缺失,三条目标中有两条提到了情感的内容。但是,我们在他们的活动安排与具体实施情况的介绍中很难发现有具体的内容。子主题"多彩的民族"下的班本主题"我喜欢的维吾尔族"作为以社会领域为主的主题活动,不仅要幼儿知道自己的民族,知道中国是一个多民族的大家庭,使这些认知层面的目标达成,还要进一步关注幼儿的情感与社会性的发展,目标中要体现各民族之间要相互尊重,团结友爱的要求。为了弥补目标的缺失,我们的建议有两点。

第一是充分运用良好资源,持续开展交流沟通。我们发现他们有良好的资源,有去过新疆的老师,有与新疆小朋友、老师交流的经历。比如,语言活动"维言维语"是让小朋友了解维语和汉语的不同。但是,教师并没有充分运用这个资源。同时,情感的培养需要一个持续的过程来充分落实与达成,建议继续和新疆小朋友保持联系,逐步了解他们的生活和学习,还可以结合节日开展互动活动,比如结合即将到来的新年,开展互赠新年礼物的活动,表达对他们的关心与友好。

第二是全面理解情感目标内涵,关注人文与精神层面。班级老师认为小朋友很喜欢新疆,喜欢新疆的美食、服饰、建筑以及美丽的风光。但是,我们觉得这还不够,我们不能仅仅停留在对物的喜爱,还可以进一步引导他们感受新疆人民的勤劳智慧、能歌善舞、热情奔放等人文与精神层面的内容,从而去理解民族的差异性,尊重文化的多样性,同时也通过实际的活动让幼儿感受民族团结、各族人民一家亲的情感。

主持人:感谢第三组的老师们,这是我们实际工作中经常会出现的问题,就是重认知轻情感,幼儿的情感获得要重视起来。

(4)点赞时刻

主持人:刚才我们就大一班不足的地方进行了分析和总结,梳理了三个关注要点,当然我们也要请老师们说一说大一班老师做得好的地方有哪些?前期我们看到了大班老师的认真和投入,我们一起来为她们点个赞,说说他们给我们提供了什么可借鉴学习的内容。

教师1:大一班行进的这个主题形式还是比较多元的,通过变装软件、与库车教师进行连线、去实地体验与考察等多种途径促进幼儿学习。

教师2:我觉得大一班的主题做得很深入,从教材上对很多民族的简单了解转到根据幼儿的兴趣选择维吾尔族,进一步深入了解维吾尔族的各个内容。如"维言维语"中,幼儿通过维文与汉字的对比、维吾尔族老师的视频,充分了解了维吾尔族文字的形式。在其他活动中,教师也通过多种形式支持幼儿的深度学习。

主持人:主题有广度有深度,这值得我们学习。

教师3:省编主题下的班本化主题实施虽然很累,但收获也很多,值得点赞。

5. 分享体悟

主持人:今天的研修进入尾声,请老师们回顾今天的研修,你有什么感悟?

教师1:这学期我们一直在做嵌入式评价,今后要更好地运用这个工具,及时发现主题行进中的缺陷,真正促进幼儿的发展。

主持人:确实,嵌入式评价对我们的工作是一个很好的检验。

教师2:今天我是第一次感受到原来棋局复盘的思路还可以用在主题审议中,在主题行进的过程中,我们要时时遵循复盘的思路,及时发现存在的问题,分析原因和寻找解决的方法,这样我们才能够做对主题、做好主题。

主持人小结:其他行业的好方法、好模式我们可以引入借用。

（四）研修成效

本次研修采用复盘的模式，其在方式上和主题后期审议特别契合，同时步骤易操作、清晰明了，通过回顾目标、评价结果、分析原因、总结规律来逐步完成主题的后期审议，清楚地看到主题中存在的问题，将问题产生的原因做进一步的调整和跟进。本次研修的复盘也让老师们形成了"其他领域或行业优秀的做法可迁移到我们的学前教育中"的意识。

另外，采用嵌入式评价的方式让我们更清晰地回顾了教学活动的设计和达成，看到了教师的教育行为是否有效，也看到幼儿的真实反馈，便于我们及时调整。

本次研修不足的地方：其一，由于是公开教研，没有将一些小问题进行研讨优化；其二，年轻教师的参与度可以更高，教研没有对错，只是个人思考不同，要有想说、敢说、会说的改变。

附

幼儿园主题审议工具表单

幼儿园主题活动前期审议调研用表

大主题名称：
子主题名称：

主题来源分析	幼儿兴趣和需要	
	课程资源	
	主题价值	
原主题目标		
调整目标		
调整理由和依据		

附　幼儿园主题审议工具表单

附：1. 幼儿经验调查表（上传实际调查表）
　　2. 统计分析表

幼儿经验调查结果分析

项目	内容	分析
幼儿原有的相关经验		
幼儿未知的相关经验		
幼儿面临的挑战		

幼儿园主题活动前期审议预设用表

大主题名称：
子主题名称：

主题网络				
情境脉络				
高结构活动				
低结构活动				
区域活动	活动名称	活动目标	所属区域	活动材料

幼儿园主题活动前期审议论证用表

大主题名称：
子主题名称：

主题目标论证		
论证内容	具体表述	论证结果
认知和能力		
过程和方法		
情感态度和价值观		
主题实施路径论证		
论证内容		活动数量
高结构活动		
低结构活动		
区域活动		
活动内容论证			
活动样态	活动名称	生活性（√）	游戏性（√）
论证分析			

幼儿园主题活动中期审议操作用表(一)

大主题名称：
子主题名称：

前期回顾	幼儿兴趣和挑战	
预设路径和策略评估	高结构活动	
	低结构活动	
	区域活动	
	其他	

幼儿园主题活动中期审议操作用表（二）

大主题名称：
子主题名称：

调整优化	分析资源	
	增加内容	
	删减内容	
	重构脉络	

附　幼儿园主题审议工具表单

幼儿园主题活动后期审议操作用表（一）

大主题名称：
子主题名称：

主题回顾	目标达成	
	实施亮点	
	存在问题	
评价实证	幼儿主题经验检核结果分析	
	家长反馈结果分析	
	教师评价反思	可结合教师日常教学实录、游戏案例、观察记录填写

幼儿园主题活动后期审议操作用表（二）

大主题名称：
子主题名称：

目标调整					
实施路径	集体教学				
	区域活动	活动名称	活动目标	所属区域	活动材料
	其他				

幼儿园主题活动后期审议操作用表(三)

大主题名称:
子主题名称:

主题网络优化	
情境脉络优化	
主题墙参考	

＿＿＿＿班"＿＿＿＿"主题背景下集体教学目标支撑度分析

教学活动目标		目标一	目标二	目标三
领域活动名称	目标一			
	目标二			
	……			
领域活动名称	目标一			
	目标二			
	……			
……	……			

说明：集体教学目标和主题目标进行对接，支撑度高的为★★★，支撑度中的为★★，支撑度低的为★（支撑度为活动目标与主题目标的关联程度）。

_____班"_____"主题幼儿经验检核表

一级指标	二级指标	检核内容	检核标准	集体教学（区域活动）	幼儿人数与学号（按实际人数填写）
会玩亲和	运动与健行				
	创造与表达				
	亲善与交往				
乐学善思	兴趣与体验				
	探究与发现				

幼儿园项目活动审议操作用表（一）

项目活动名称：

项目的产生	分析幼儿的兴趣和活动的价值
关键经验	这个项目活动涉及的知识（可以结合五大领域）
对幼儿的挑战	幼儿在经验和学习上有可能会遇到的困难
资源分析	

幼儿园项目活动审议操作用表(二)

项目活动名称:

活动目标		
项目的展开	可以用思维导图或主题网络图,项目分几个方面展开	
实施路径	具体采用哪些方式,比如:调查、辩论、探究、制作、亲子活动等	
可行性论证	目标适宜性	
	内容丰富性	
	实施多样性	

幼儿园项目活动审议操作用表（三）

项目活动名称：

实施反思	目标达成	
	活动亮点	
	存在问题	
活动优化		

后 记

《幼儿园主题审议实践手册》历经两年的整理和修改终于和大家见面了。修改这本书的过程也是我们对于主题审议再认识的过程。本书中的审议案例也都是我园教师曾经实施过的真实案例。随着教育实践的不断深入和对于主题审议的再认识，在同样的主题背景下，老师们对于主题的实施也有了更为丰富的路径。

此外，在主题审议中，老师们不一定会完全简单地固守审议的前期、中期和后期三个阶段，而是会根据主题的推进和幼儿学习发展的需要适时地开展活动。

这本书能够正式出版，也是我园基于"幼儿园课程园本化过程中主题审议的实践研究"行动项目和园本特色项目的实践成果。

在此，特别感谢竺园、章丹、吴丹、蔡李华、徐宁、彭晓梦、戴娜、陆诗琼这8位老师。他们参与了本书中主题审议案例的修改环节，使得本书的内容更为丰富，也愿这本书能够成为更多一线教师开展主题审议的参考书。

海曙区启文幼教集团总园长
金虹青